L'Académie culinaire

POUR LE PLAISIR
DE CUISINER

ACADÉMIE
CULINAIRE

POUR LE PLAISIR DE CUISINER

DIRECTION ÉDITORIALE
Les Académies Culinaires du Québec inc.
François Martel

COLLABORATEURS AU DÉVELOPPEMENT
Anita Hehn
Daniel Trottier
Michel Renaud
Solène Thouin

DIRECTION DE L'OUVRAGE
Novem Communications inc.
Marylène Leblanc-Langlois

COORDINATION
Stéphanie K/Bidi

DIRECTION ARTISTIQUE
de studio

CONCEPTION GRAPHIQUE ET INFOGRAPHIE
Line Godbout
Tania Dallaire

CORRECTION-RÉVISION
Accent spécialités linguistiques inc.

PHOTOGRAPHIES
Benoit Levac, photographe
Guy Tessier, photographe

PHOTOGRAPHES ADJOINTES
Audrey Vivier
Geneviève Demers
Victoria Lord

STYLISME
Karine Blackburn

PRODUCTION DU VIDÉOGRAMME :
MAISON DE PRODUCTION : La Fabrique d'images

Productrice : Mélanie Séguin
Réalisatrice : Marie Carpentier
Directeur-photo : Étienne De Massy
Chef : Michel Renaud
Styliste culinaire : Denyse Roussin, Michael Elliot
Directeur de production : Jean-Philippe Brisson
Preneur de sons : Harry Zafrany
Machino-électro : Daniel Lynn
Coordonnatrice de production : Catherine Dulac
Montage : Flik Studio
Monteur : Martin Bourgault
Musique : Olivier Baier
Production DVD : Patrick Lévesque, Paralel
Directrice artistique DVD : Valérie Picard

Gouvernement du Québec – Programme de crédit
d'impôt pour l'édition de livres – Gestion SODEC

Dépôt légal 2005
Bibliothèque nationale du Québec
Bibliothèque nationale du Canada
ISBN : 2-89532-051-9

Imprimé et relié au Canada.
Novem Communications inc.
4446, boulevard Saint-Laurent, bureau 900
Montréal (Québec) H2W 1Z5

L'ACADÉMIE CULINAIRE

L'Académie culinaire offre un éventail de cours de cuisine aux gens désireux d'élargir leurs horizons gastronomiques. Avec le soutien et l'expérience des chefs de l'Académie, les débutants comme les cuisiniers aguerris y trouvent techniques et sources d'inspiration.

ACADÉMIE CULINAIRE

WWW.ACADEMIECULINAIRE.COM
Pour nous joindre : 1 877 393-8111

POUR LE PLAISIR DE CUISINER

Quand on pense à ce qui nous rend heureux, on découvre que les plus grands plaisirs de la vie sont souvent bien simples : être entouré des gens qu'on aime, rire, recevoir, créer, découvrir, offrir, partager... Ainsi, la cuisine représente un moment privilégié pour profiter des bonnes choses de la vie.

Lorsqu'on partage un bon repas en famille ou entre amis, le temps s'arrête. La cuisine est une occasion formidable pour ralentir notre course folle et apprécier pleinement le moment présent, car tous nos sens sont sollicités. Quel plaisir de sentir les odeurs parfumées, de voir une table bien garnie, de déguster des mets savoureux cuits à la perfection et d'entendre nos convives échanger et avoir de la gratitude pour ce moment délicieux !

Savoir cuisiner est un art. Comme pour la peinture ou la musique, la connaissance et la maîtrise des éléments de base ouvrent la porte à la créativité et à une infinité de possibilités.

Autour de nous, la cuisine évolue à toute vitesse. Les produits nouveaux nous arrivent de partout dans le monde, et ce livre vous aidera à les découvrir. Des centaines de livres de recettes et de magazines spécialisés se retrouvent, chaque année, sur les étagères des commerçants. Nombre de ces recettes sont inspirantes, mais elles peuvent nous sembler complexes ou laborieuses ; elles proviennent néanmoins de techniques simples.

Les cuisines de tous les pays comportent ainsi un point commun : LES TECHNIQUES DE BASE.

Nous vous présentons à travers ce guide les connaissances et les techniques de base à maîtriser en cuisine. Cette première étape vous permettra de développer votre confiance pour ensuite faire preuve de créativité et laisser libre cours à votre inspiration. Effectivement, maîtriser les bases est le préalable nécessaire pour exceller. Cela nous permet de développer de la confiance pour sortir de notre zone de confort, changer nos routines et expérimenter des recettes nouvelles qui mettent du piquant dans notre vie et dans notre assiette !

Bien choisir ses aliments et maîtriser les techniques vous aidera à réussir de succulents plats de tous les jours, des repas teintés d'exotisme ou des soupers gastronomiques. Désormais, les livres deviendront seulement une source d'inspiration pour créer vos propres recettes savoureuses et raffinées. Élaborer son style personnel est le vœu de bien des cuisiniers... et c'est tout à fait possible.

Le guide de l'Académie culinaire veut travailler à vos côtés, en toute simplicité, pour partager avec vous les conseils, les outils et les secrets de nos grands chefs. Ce guide est conçu pour vous aider à cuisiner avec rapidité, plaisir, goût et originalité.

Mon plus grand souhait est que cet ouvrage vous permette de maîtriser les bases de la cuisine et vous serve de fondement pour avoir du plaisir à cuisiner, vous nourrir sainement au quotidien, créer avec votre touche personnelle, recevoir sans vous stresser et vous rendre accessibles les bienfaits de l'art culinaire ! Pour toute question, nous vous invitons à venir nous visiter sur notre site : www.academieculinaire.com.

François Martel
Directeur de l'Académie culinaire

POUR LE PLAISIR DE CUISINER

se divise en trois parties.

La première traite des *indispensables*. Pour bien cuisiner, il est nécessaire d'avoir de bons outils et un inventaire minimum d'ingrédients au garde-manger, au réfrigérateur et au congélateur. Suit un *glossaire* des mots et des techniques en termes clairs pour vous aider à mieux comprendre les définitions. Ce glossaire vous aidera dans la troisième section. Cette dernière se consacre aux *techniques et recettes* pour réussir les sauces, les potages, la cuisson des viandes et des légumes, les desserts et une multitude de variantes inédites, et plus encore.

LES INDISPENSABLES

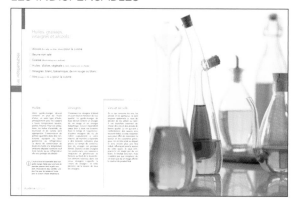

LE GLOSSAIRE

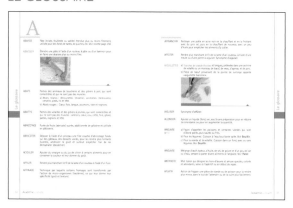

TECHNIQUES ET RECETTES

L'Académie culinaire vous propose un
DVD en complément du guide, une leçon
privée où nos chefs vous confient leurs secrets.

Installez-vous confortablement ou bien transportez votre lecteur
DVD ou votre ordinateur dans la cuisine et suivez nos chefs pas
à pas. Pour chacune des recettes, sélectionnez les techniques
utilisées pour approfondir vos connaissances. Insérez votre DVD
dans le lecteur, sélectionnez une recette ou une technique et utilisez
votre livre pour suivre.

LE DVD

POUR LE
PLAISIR DE
CUISINER

ACADÉMIE
CULINAIRE
Maîtriser les bases
pour atteindre l'excellence

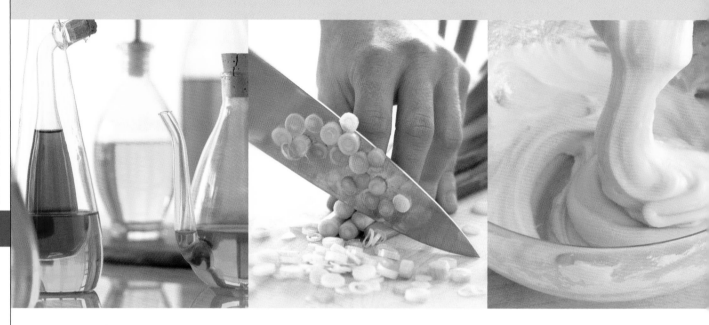

PARTIE 1

PARTIE 2

SOMMAIRE

PARTIE 3

LES INDISPENSABLES

La cuisine, comme toute autre activité, requiert certains éléments indispensables pour permettre au cuisinier de travailler confortablement et de réussir ses recettes.

Les aliments de base énumérés dans cette section garniront en permanence votre garde-manger, votre réfrigérateur et le congélateur. Le matériel et les outils de départ proposés, pour leur part, agrémenteront vos séances culinaires en vous facilitant la tâche. Les conseils livrés ici joueront en conséquence les rôles d'aide-mémoire ou de guide dans l'achat de divers ingrédients essentiels. Garnissez votre réfrigérateur selon le marché et les arrivages de produits frais.

DANS CETTE SECTION

Le garde-manger

Il est important de bien gérer votre garde-manger et d'utiliser régulièrement les différents produits qui s'y trouvent pour qu'ils restent le plus frais possible. Il vaut mieux acheter en petites quantités et manger des aliments frais plutôt que d'acheter de grosses quantités et de laisser les aliments se dégrader dans le garde-manger.

Les ingrédients requis pour une recette peuvent souvent être remplacés par d'autres qui sont similaires. Il n'est donc pas toujours nécessaire d'avoir sous la main tous les ingrédients demandés dans chacune des recettes que vous entreprendrez.

(i) Le contenu de votre garde-manger grandira en même temps que votre expérience. Il importe de savoir comment utiliser les produits qui en font partie et, bien sûr, de connaître le goût de chacun.

Ne gardez pas les aliments que vous n'utiliserez pas, car ils seront fort probablement périmés avant que vous vous en serviez.

Il vaut mieux avoir moins de produits et les utiliser à bon escient que d'avoir un garde-manger plein de denrées qui ne servent que trop rarement.

À titre de suggestion, voici dans les pages suivantes des listes d'ingrédients dont vous devriez disposer en permanence. Le contenu de votre garde-manger augmentera graduellement au fur et à mesure de votre apprentissage culinaire, mais une chose est sûre, quand vient le temps de sélectionner les aliments qui le garniront, tous les chefs s'entendent et recommandent de choisir des ingrédients de première qualité et, de préférence, des aliments frais lorsque cela s'applique.

Féculents et légumineuses :

☐ Céréales sèches

☐ Chapelure

☐ Couscous

☐ Farines : tout usage, de blé entier, de maïs (maïzena)

☐ Légumineuses sèches ou en conserve
(pois chiches, haricots rouges et lentilles)

☐ Pâtes sèches variées
(au moins un type de pâtes longues et un type de pâtes courtes)

☐ Polenta

☐ Riz : à grain long, arborio (risotto), basmati

ⓘ Le temps de conservation maximal pour les pâtes alimentaires sèches, le riz, les céréales et les légumineuses sèches est de huit mois, et ce, dans un milieu sans humidité. Faites une rotation des produits lorsque vous en achetez de nouveaux.

Bien que le riz et la majorité des pâtes alimentaires soient des produits secs, il reste préférable de les utiliser le plus rapidement possible.

Tenez dans votre garde-manger une sélection de pâtes de différentes formes (longues, courtes, tubulaires, plates), divers types de riz et de l'orge.

Vous pouvez toujours remplacer le riz par de l'orge ou vice versa. Aussi, la forme des pâtes utilisées dans une recette peut varier.

Achetez vos légumineuses sèches plutôt qu'en conserve, puisque ces dernières contiennent moins de nutriments et ont perdu beaucoup de saveur. Choisissez des légumineuses lisses et brillantes, sauf dans le cas des pois chiches qui, souvent, seront un peu plissés. Assurez-vous de varier les légumineuses que vous utilisez afin de toutes les consommer le plus rapidement possible.

Condiments, conserves et sauces :

- ☐ Ail
- ☐ Câpres
- ☐ Cassonade
- ☐ Cornichons et autres légumes en marinade
- ☐ Demi-glace
- ☐ Échalotes
- ☐ Fond de veau
- ☐ Fond de volaille
- ☐ Ketchup
- ☐ Mayonnaise
- ☐ Mélasse
- ☐ Miel
- ☐ Moutarde de Dijon

- ☐ Moutarde préparée
- ☐ Oignons
- ☐ Pesto
- ☐ Poissons en conserve : thon, saumon, palourdes, anchois
- ☐ Raifort
- ☐ Sauce anglaise (Worcestershire)
- ☐ Sauce de piment fort (Tabasco)
- ☐ Sauce soya ou tamari
- ☐ Sel
- ☐ Sirop d'érable
- ☐ Sucre
- ☐ Tomates en conserve : en dés, entières, pâte, jus, séchées dans l'huile

Ces produits, qui se gardent très longtemps, composent une famille d'ingrédients presque infinie.

La plupart d'entre eux se conservent bien à la température ambiante, mais certains seront placés dans la porte du réfrigérateur.

Bien qu'il n'y ait pas de durée idéale de conservation pour beaucoup de ces aliments, il est préférable de les consommer dans l'année suivant l'achat.

(i) Pour l'ail, les échalotes et les oignons, les conserver dans un endroit frais et sec.

Noix et fruits secs

Si vous prévoyez consommer les noix et les fruits secs rapidement, conservez-les au garde-manger en petites quantités. Par contre, il est préférable de les garder au réfrigérateur, voire au congélateur, si vous en achetez une plus grande quantité que vous prévoyez utiliser plus lentement. Dans tous les cas, faites une rotation afin de vous assurer de leur fraîcheur. Dans une recette, vous pouvez remplacer un type de noix par un autre, et il en va de même pour les fruits secs. Le goût sera un peu différent, mais considérez cette modification comme la création d'une variante à la recette de base.

Huiles, graisses, vinaigres et alcools :

☐ Alcools (brandy, madère, rhum) pour la cuisine

☐ Beurre non salé

☐ Graisse (shortening ou saindoux)

☐ Huiles : d'olive, végétale (canola, tournesol, arachide)

☐ Vinaigres : blanc, balsamique, de vin rouge ou blanc

☐ Vins (rouge et blanc) pour la cuisine

Huiles

Votre garde-manger devrait contenir, en plus de l'huile d'olive, un autre type d'huile, principalement pour les cuissons à haute température (sautés, poêlées, fritures). Pour ces utilisations, les huiles d'arachide, de tournesol et de canola sont appropriées. Conservez-en de petites quantités dans des contenants opaques ou bien gardez-les au réfrigérateur. La durée de conservation de toutes les huiles à la température ambiante dépasse rarement neuf mois tandis qu'au réfrigérateur, elle sera presque du double.

ⓘ L'huile d'olive est essentielle dans tout garde-manger. Optez pour une huile de première pression dont le goût vous plaît. Choisissez-en deux variétés : une plus fine pour les salades et l'autre pour la cuisson à basse température.

Vinaigres

Choisissez les vinaigres d'abord et avant tout en fonction de leur qualité. Le garde-manger de base devrait contenir un vinaigre de vin rouge et un vinaigre balsamique. Ceux-ci répondront assez bien à tous vos besoins. Avec le temps et l'expérience, d'autres vinaigres (de riz, de cidre) s'ajouteront à votre réserve, de manière à répondre à des besoins culinaires plus précis. Le temps de conservation du vinaigre est presque illimité. Dans le cas des vinaigres non pasteurisés, une substance visqueuse et gélatineuse se formera au fond de la bouteille ; cet élément nouveau dans vos vieux vinaigres s'appelle la « mère de vinaigre », et cette dernière est la source de tous les vinaigres.

Vins et alcools

En ce qui concerne les vins, les alcools et les spiritueux, ils sont toujours optionnels (à vous de décider de les utiliser ou non). Il est toutefois essentiel de choisir des vins et des alcools de bonne qualité. Le vin qui sert à confectionner des sauces sera souvent réduit, et cette réduction aura pour effet de concentrer la saveur et les caractères principaux. Un vin très acide au départ le sera encore plus une fois réduit, influençant ainsi la saveur de votre sauce. Si vous remplacez le vin rouge par du vin blanc, le résultat sera bon, mais n'oubliez pas que remplacer du vin blanc par du vin rouge affecte la couleur du produit final.

Herbes séchées et épices (en petites quantités) :

Épices

- [ ] Anis étoilé
- [ ] Baies de genièvre
- [ ] Cannelle en bâton ou en poudre
- [ ] Cardamome entière
- [ ] Cayenne
- [ ] Clous de girofle
- [ ] Coriandre en poudre
- [ ] Cumin en poudre
- [ ] Curcuma
- [ ] Fleur de sel
- [ ] Flocons de chili
- [ ] Gousses de vanille
- [ ] Graines de coriandre
- [ ] Graines de cumin
- [ ] Graines de fenouil
- [ ] Graines de moutarde
- [ ] Graines de sésame
- [ ] Moutarde en poudre
- [ ] Muscade entière
- [ ] Paprika
- [ ] Pavot
- [ ] Piment de la Jamaïque
- [ ] Poivre en grains
- [ ] Poivre vert
- [ ] Poudre de cari
- [ ] Safran

Herbes

- [ ] Basilic
- [ ] Herbes de Provence
- [ ] Laurier
- [ ] Mélange d'herbes italiennes
- [ ] Origan
- [ ] Persil
- [ ] Romarin
- [ ] Sarriette
- [ ] Thym

Fines herbes

Le choix des fines herbes est évidemment relié à ce que vous cuisinez. Les fines herbes fraîches sont de bien meilleurs ingrédients que les séchées, mais elles sont plus difficiles à conserver parce qu'elles fanent assez rapidement.

Conservez les fines herbes fraîches au réfrigérateur dans un contenant d'eau et recouvrez le tout d'une pellicule plastique pour les empêcher de flétrir. Les fines herbes séchées se conservent plus longtemps, mais n'allez pas croire qu'elles jouissent de la vie éternelle. En effet, l'intensité de leur saveur diminuera avec le temps. Achetez-les donc en petites quantités plutôt qu'en grand contenant. Vous pouvez remplacer des herbes fraîches par des herbes séchées dans une recette, mais il faut alors utiliser environ le tiers de la quantité demandée.

Épices

Quant aux épices, le conseil d'usage est simple : achetez-les en petites quantités et préférablement entières. Pour les moudre, utilisez un mortier ou un moulin à café et ne préparez que la quantité nécessaire pour concocter votre plat.

Le réfrigérateur
Aliments de base à conserver au réfrigérateur :

☐ Carottes

☐ Céleri

☐ Citron

☐ Crème 35 %

☐ Crème sure ou
yogourt nature

☐ Fines herbes fraîches
ou en pâte à l'huile

☐ Fromages (cheddar, gruyère,
brie, etc.)

☐ Fruits frais variés
(pommes, poires, pêches
et fraises en saison)

☐ Lait

☐ Œufs

☐ Oignons verts

☐ Pain (on peut le garder
au congélateur)

☐ Parmesan

☐ Persil

☐ Pommes de terre

ⓘ Il sera surtout important de placer
ces aliments au bon endroit dans le
réfrigérateur et de vous assurer que la
température de votre appareil se situe
entre 0 °C (32 °F) et 4 °C (39 °F).

Pour parfaire la gestion de votre réfrigérateur, cette section traite des aliments réfrigérés et de leur conservation. Nous avons aussi des suggestions liées à la disposition des produits dans votre frigo et des trucs pour la gestion de son contenu.

Un réfrigérateur propre, ni trop chargé ni trop vide, et une bonne rotation des aliments augmenteront votre désir de cuisiner.

La liste ci-dessus présente les ingrédients que nous proposons d'avoir en permanence au réfrigérateur. Le reste des ingrédients doit être influencé par les arrivages au marché. Les recettes au quotidien refléteront l'inventaire du réfrigérateur. Si ce dernier est vide, il sera difficile de cuisiner. Mais avec un inventaire minimum, vous pourrez concocter en un rien de temps un repas rapide.

Disposition des aliments dans un réfrigérateur

Tablette du dessus

Fromages (bocconcini pour les salades, mozzarella pour les gratins, etc.) : dans leur contenant d'origine, un sac de plastique refermable ou une pellicule plastique bien scellée.

Herbes fraîches : dans un récipient rempli d'eau à moitié et recouvert d'un sac de plastique (sac à légumes), sauf pour les fines herbes très fragiles (ciboulette, estragon), qui doivent être enveloppées dans un papier absorbant.

Œufs.

Tablette du milieu

Tous les produits laitiers en pot ou en carton, comme la crème, le lait, le yogourt, la crème sure, le mascarpone, le fromage cottage, etc.

Les petits pots de confitures maison et les condiments à l'huile (si vous manquez d'espace dans la porte).

Les condiments et les marinades vinaigrées se conservent bien à la température de la pièce puisque le vinaigre agit comme un élément antibactérien. Les confitures du commerce qui contiennent des agents de conservation se placent également au garde-manger plutôt qu'au réfrigérateur.

Tablette du bas
(la plus froide)

On y place toutes les viandes (du jambon tranché aux cuisses de poulet en passant par les poissons).

Les viandes, volailles et poissons frais se conserveront mieux si vous les déballez et que vous les réfrigérez dans une assiette ou un plat en porcelaine scellé d'une pellicule plastique.

Placer vos viandes sur cette tablette de votre réfrigérateur évitera également que du sang coule sur les autres aliments.

Tiroirs

La plupart des réfrigérateurs modernes contiennent deux tiroirs qui sont munis d'une petite bouche d'aération que l'on peut ouvrir ou fermer selon le niveau d'humidité désiré.

Placez dans un tiroir les légumes à feuilles et les légumes verts, qui nécessitent un plus haut taux d'humidité, et maintenez l'ouverture de ce tiroir à la position qui procure le maximum d'humidité.

Déposez dans l'autre tiroir tous les légumes qui préfèrent un endroit plus sec (sinon ils germeront) comme les pommes de terre, les légumes racines, les oignons, l'ail et le gingembre frais. La bouche d'aération de ce tiroir doit être complètement ouverte pour laisser s'échapper l'humidité.

Porte

Beurre

Breuvages

Pots de confitures et condiments maison

Conseils pratiques
pour mieux conserver
des aliments périssables

- Après la durée d'entreposage recommandée, la plupart des aliments peuvent être consommés sans danger, mais leur saveur commence à s'altérer et leur valeur nutritive diminue.

- La date inscrite sur les emballages indique la durée de conservation des aliments gardés dans leur contenant d'origine scellé et entreposés au réfrigérateur. Tout aliment dont le contenant a été ouvert doit être consommé rapidement (généralement dans les six jours).

- Vérifiez la date limite de conservation «Meilleur avant». De plus, si le produit a été emballé au magasin, il doit porter la mention «Emballé le».

- Au réfrigérateur, ne couvrez pas hermétiquement les petits fruits (fraises, framboises, bleuets, canneberges), car ils pourriraient. De plus, ne lavez ces derniers qu'à la dernière minute avant de les consommer.

- Une fois ouverts, les aliments en conserve doivent être couverts et réfrigérés ; les aliments acides, comme les tomates et les ananas, doivent être placés dans d'autres contenants.

- Vérifiez régulièrement la température du réfrigérateur, qui doit se trouver entre 0 °C (32 °F) et 4 °C (39 °F).

- Les huîtres, les palourdes et les moules non écaillées sont vivantes. Il est donc recommandé de les conserver dans un contenant aéré et jamais dans l'eau.

- La porte du réfrigérateur n'est pas l'endroit idéal pour ranger les aliments périssables. Les produits laitiers, les œufs et toutes les viandes se conserveront mieux dans la partie principale du réfrigérateur ou dans des tiroirs conçus spécialement pour maintenir la température plus basse et plus constante.

Les indispensables

Le congélateur
Aliments de base à conserver au congélateur :

- ☐ Crème glacée à la vanille
- ☐ Fond de veau
- ☐ Fond de volaille
- ☐ Fumet de poisson
- ☐ Fruits congelés
  (fraises, framboises, bleuets)
- ☐ Fruits secs
  (raisins, abricots, pruneaux)
- ☐ Légumes congelés
  (petits pois, mélange à sauter, épinards)

- ☐ Noix variées
  (amandes, avelines, noix de Grenoble)
- ☐ Parmesan râpé
- ☐ Pâte brisée
- ☐ Pâte feuilletée
- ☐ Sauce demi-glace

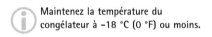

Maintenez la température du congélateur à -18 °C (0 °F) ou moins.

Achat et conservation des aliments au congélateur

Cette liste présente les ingrédients que nous proposons d'avoir en permanence au congélateur. Si le réfrigérateur est vide, le congélateur vous sera utile.

Nous proposons plusieurs trucs de congélation et de décongélation, ainsi qu'une liste des ingrédients et leur durée de conservation au congélateur.

Utilisez votre congélateur pour entreposer votre propre mise en place. Pâte brisée, fonds, potages, coupes de viande rapides à utiliser, poisson en portions individuelles, aliments prêts à utiliser... et faites-en une bonne rotation.

Durée de congélation des aliments

Aliments	Durée de congélation
VIANDES, POISSONS et CRUSTACÉS	
Saucisse, charcuterie, bacon et jambon	1 à 2 mois
Viande hachée et viande à bouillir	3 à 4 mois
Bœuf, veau, agneau et porc (selon la coupe)	4 à 12 mois
Volaille fraîche entière	1 an
Volaille fraîche en morceaux	9 mois
Volaille cuite	4 à 6 mois
Abats	3 à 4 mois
Restes de viande cuite, soupes et ragoûts	2 à 3 mois
Poisson maigre	6 mois
Poisson gras	2 à 3 mois
Poisson cuit	4 à 6 mois
Crustacés	2 à 3 mois
PRODUITS LAITIERS et AUTRES	
Beurre	6 à 9 mois
Fromages fermes et mous	6 mois
Lait	3 mois
Yogourt	1 à 2 mois
Blanc ou jaune d'œuf cru	1 an
Pizza	1 à 2 mois

Conseils pratiques pour mieux conserver vos aliments au congélateur

- Emballez bien les aliments et inscrivez la date d'emballage sur une étiquette.

- Ne jamais recongeler de la viande qui a été décongelée, car sa structure en sera très altérée et sa qualité diminuera beaucoup.

- Maintenez la température du congélateur à -18 °C (0 °F) ou moins.

- Vous pouvez congeler votre gingembre et, au besoin, le râper congelé.

- Afin d'augmenter l'efficacité de votre congélateur et de réduire sa consommation d'énergie, dégivrez-le une ou deux fois par année, ou lorsque le givre atteint 1 cm (1/2 po) d'épaisseur.

- Il est préférable de refroidir les aliments au réfrigérateur avant de les placer au congélateur, afin de ne pas élever la température de ce dernier.

- N'empilez pas les aliments quand vous les déposer au congélateur. Dispersez-les puis, quand ils seront bien congelés, vous pourrez les empiler.

- Les aliments congelés puis décongelés ne doivent pas être congelés de nouveau.

- La décongélation des aliments se fait sans risque dans le réfrigérateur, sous le robinet d'eau froide ou dans le four à micro-ondes. Cependant, si vous dégelez des aliments au four à micro-ondes, cuisez-les immédiatement.

- Il est préférable de blanchir les légumes avant de les congeler.

- N'utilisez que des sacs spécialement conçus pour la congélation des aliments et apposez une étiquette indiquant la date et le nom du produit.

- Congelez vos fonds, bouillons et sauces en portions de grosseurs variées, afin de pouvoir décongeler la quantité nécessaire à vos recettes. Vous n'aurez donc pas à en dégeler une grande quantité si, par exemple, la recette ne demande que 125 ml (1/2 tasse).

- L'endroit idéal pour décongeler les aliments est le réfrigérateur. Utilisez la tablette du bas pour éviter que du liquide ne coule sur les autres aliments lors de la décongélation.

Le matériel
et les outils de cuisine

Les sections suivantes présentent le matériel de base qui vous facilitera la tâche. Évidemment, vous ajouterez à cette liste les instruments et les ustensiles dont vous aurez envie ou dont vous vous servirez à l'occasion.

Ustensiles

Araignée
Cuillère à crème glacée
Cuillères de métal (pleines et trouées)
Louches (une ou deux grosseurs)
Pinces métalliques
Spatule de métal

Louche

Araignée

Spatule

Cuillère pleine

Cuillère trouée

Pince

Cuillère à crème glacée

Pour couper

- Ciseaux de cuisine
- Couteau à pain
- Couteau d'office
- Couteau du chef
- Économe
- Fusil ou pierre à aiguiser
- Ouvre-boîte
- Ouvre-bouteille
- Planche à découper (en bois d'érable et en plastique haute densité)
- Zesteur

Zesteur

Économe

Ciseaux de cuisine

Planche à découper en bois d'érable

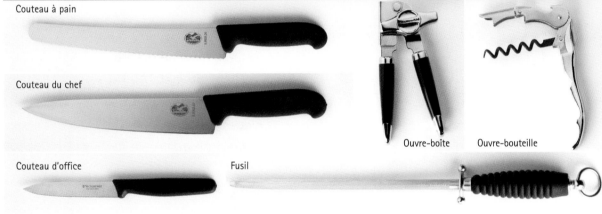

Couteau à pain

Couteau du chef

Ouvre-boîte

Ouvre-bouteille

Couteau d'office

Fusil

Pour mesurer

Balance
(capacité de 1 kg / 2 lb, à une précision de 1 g / $1/30$ once)

Cuillères à mesurer

Tasses à mesurer pour ingrédients liquides
(250 ml / 1 tasse, 500 ml / 2 tasses, 1 l / 4 tasses, et plus)

Tasses à mesurer pour ingrédients secs
(de 60 à 250 ml / de $1/4$ à 1 tasse)

Thermomètre

Balance

Cuillères à mesurer

Tasse à mesurer

Thermomètre à viande

Le matériel
et les outils de cuisine

Pour transformer

À la machine
Batteur à main
Malaxeur
Pied mélangeur
Robot culinaire

À la main
Mortier
Moulins à poivre et à sel
Pilon à patate ou presse-purée
Presse-ail
Presse-citron
Râpe

Mortier

Râpes

Moulins à poivre et à sel

Malaxeur

Robot culinaire

Pied mélangeur

Batteur à main

Presse-purée

Presse-ail

Presse-citron

Pour mélanger

Bols à mélanger en acier inoxydable
(culs-de-poule) ou bols en verre
(de petit à très grand)

Cuillères de bois

Fouets (au moins 2 formats)

Spatule de caoutchouc

Culs-de-poule

Fouet

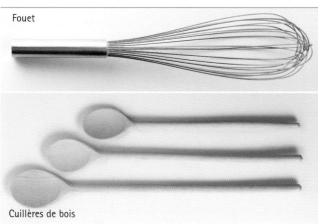

Cuillères de bois

Spatules de caoutchouc

Pour tamiser
et passer

Chinois

Essoreuse

Passoire

Tamis

Essoreuse

Tamis

Chinois

Passoire

Le matériel
et les outils de cuisine

Pour cuire

Batterie de cuisine complète ;
faitout bas (rondeau) ; faitout haut ;
marmite de 24 cm (9 ½ po).

Braisière

Casseroles hautes et basses
(16 cm / 6 ½ po, 18 cm / 7 po, 20 cm / 8 po,
24 cm / 9 ½ po), sauteuse de 28 cm (11 po) ;
tous avec couvercle.

Poêle antiadhésive

Poêle en fonte

Poêle en fonte de 28 cm (11 po) (poêlon)

Rôtissoire

Casseroles

Faitout

Marmite

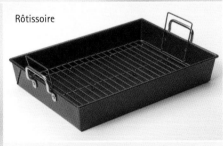

Rôtissoire

Poêle antiadhésive

Poêle en fonte

Braisière

Pour la pâtisserie

Assiette à tarte
Coupe-pâte
Emporte-pièces
Moule à charnière
Moule à gâteau rectangulaire
Moule à muffins
Moule à quiche
Pinceaux
Plaque à pâtisserie
Plat à gratin en porcelaine
Poche et douilles
Ramequins
Rouleau à pâte

Assiette à tarte

Moule à quiche

Coupe-pâte

Pinceaux

Poche

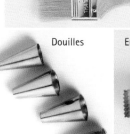

Douilles

Emporte-pièces

Plaque

Moule à gâteau
rectangulaire

Moule à charnière

Ramequins

Moule à muffins

Plat à gratin

Rouleau à pâte

Les poids et les mesures

Mesures de masse

Beaucoup d'ingrédients nous sont vendus au poids : la viande, les poissons et le sucre en sont quelques exemples. Il est donc logique de les mesurer selon la même méthode.

En cuisine, aucune mesure n'est plus précise que le poids. Une tasse de farine peut peser 220 g ou 280 g. Cette différence a un effet assez important dans certaines préparations. Par exemple, une recette de gâteau dans laquelle les mesures sont données en volume (millilitres ou tasses et cuillères à mesurer) donnera un résultat sensiblement différent d'une fois à l'autre. Le même gâteau fait avec des ingrédients pesés sera chaque fois identique.

Pour les masses (poids), une balance de bonne qualité, qui vous permettra de peser au moins 1 kilogramme (2 livres), est essentielle. La balance électronique est préférable aux modèles à plateau ou à ressort. Finalement, choisissez un modèle offrant une précision au gramme près, ce qui améliorera grandement vos mesures.

 Tous les outils devraient préférablement être gradués dans les systèmes métrique et américain.

MASSE / POIDS

Onces (oz) ou livres (lb)	Grammes (g) ou kilogrammes (kg)	Onces (oz) ou livres (lb)	Grammes (g) ou kilogrammes (kg)
1/4 oz	7 g	13 oz	367 g
1/2 oz	14 g	16 oz ou 1 lb	454 g
1 oz	28 g	1 1/4 lb	567 g
1 1/2 oz	43 g	1 1/2 lb	680 g
1 3/4 oz	50 g	1 3/4 lb	795 g
2 oz	57 g	2 lb	907 g
3 oz	85 g	2 1/4 lb	1,125 kg
3 1/2 oz	100 g	2 1/2 lb	1,25 kg
4 oz ou 1/4 lb	113 g	3 lb	1,3 kg
5 oz	141 g	3 1/2 lb	1,6 kg
6 oz ou 1/3 lb	170 g	4 lb	1,8 kg
7 oz	200 g	4 1/2 lb	2 kg
8 oz ou 1/2 lb	227 g	5 lb	2,3 kg
9 oz	255 g	6 lb	2,7 kg
10 oz	280 g	12 lb	5,4 kg
11 oz ou 2/3 lb	312 g	14 lb	6,3 kg
12 oz ou 3/4 lb	340 g		

Le succès de toute recette dépend en grande partie de notre compréhension des unités de mesure utilisées dans la préparation. Peu importe le système utilisé, métrique, impérial ou américain, les ingrédients d'une recette doivent toujours être mesurés. Comme un chef, vous pourrez, au fil du temps et de l'expérience, travailler sans instruments de mesure. Les systèmes métrique et américain sont les deux systèmes de mesures avec lesquels vous aurez à composer. Connaître les deux est important afin de pouvoir faire les conversions rapidement, au besoin (voir les tableaux ci-contre et aux pages 38 et 39).

Mesures de volume

Les recettes, qu'elles proviennent d'un livre, d'une revue, ou qu'elles aient été transmises sur des bouts de papier dans la famille, utilisent principalement les unités de mesure de volume, c'est-à-dire les litres et les millilitres ou les tasses et les cuillères à table (soupe) ou à thé (café). Ces unités de mesure, généralement assez précises, sont déficientes lorsque vient le temps de mesurer des aliments dont le volume peut varier (exemples : farine ou cassonade) ou lorsqu'on doit mesurer des ingrédients dont la forme sied mal à nos instruments (bloc de fromage ou morceau de gingembre frais).

VOLUME

Cuillères à thé et à table	Millilitres (ml)
1/8 c. à thé	0,5 ml
1/4 c. à thé	1 ml
1/4 c. à thé + 1 pincée	1,5 ml
1/2 c. à thé	2 ml
3/4 c. à thé	4 ml
1 c. à thé	5 ml
1 1/2 c. à thé	7 ml
2 c. à thé	10 ml
3 c. à thé	15 ml
4 c. à thé	20 ml
1/2 c. à table	7 ml
1 c. à table	15 ml
1 1/2 c. à table	22 ml
2 c. à table	30 ml
3 c. à table	45 ml
4 c. à table	60 ml
5 c. à table	75 ml

VOLUME

Tasses	Millilitres (ml) et litres (l)
1/4 tasse	60 ml
1/3 tasse	80 ml
2/5 tasse	100 ml
1/2 tasse	125 ml
2/3 tasse	160 ml
3/4 tasse	180 ml
1 tasse	250 ml
1 1/4 tasse	310 ml
1 1/3 tasse	330 ml
1 1/2 tasse	375 ml
1 2/3 tasse	410 ml
1 3/4 tasse	430 ml
2 tasses	500 ml
2 1/2 tasses	625 ml
2 3/4 tasses	680 ml
3 tasses	750 ml
3 1/4 tasses	810 ml
3 1/2 tasses	875 ml
3 3/4 tasses	930 ml
4 tasses	1 litre
4 1/2 tasses	1,125 litre

Tasses	Millilitres (ml) et litres (l)
5 tasses	1,25 litre
6 tasses	1,5 litre
7 tasses	1,75 litre
8 tasses	2 litres
9 tasses	2,25 litres
10 tasses	2,5 litres
12 tasses	3 litres

Cuillères à thé, à table et tasses	Centilitres (cl) et décilitres (dl)
1 c. à thé	0,5 cl
1 c. à table	1,5 cl
1/4 tasse	5 cl
1/3 tasse	7,5 cl
1/2 tasse	1,3 dl
2/3 tasse	1,5 dl
3/4 tasse	1,8 dl
4/5 tasse	2 dl
1 tasse	2,5 dl

Idéalement, les unités de mesure de volume ne devraient être utilisées que pour des ingrédients liquides ou semi-liquides, ainsi que pour des ingrédients qui ne se compressent pas, comme le sucre ou le sel.

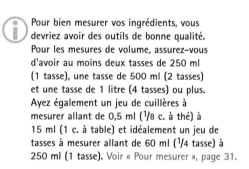 Pour bien mesurer vos ingrédients, vous devriez avoir des outils de bonne qualité. Pour les mesures de volume, assurez-vous d'avoir au moins deux tasses de 250 ml (1 tasse), une tasse de 500 ml (2 tasses) et une tasse de 1 litre (4 tasses) ou plus. Ayez également un jeu de cuillères à mesurer allant de 0,5 ml (1/8 c. à thé) à 15 ml (1 c. à table) et idéalement un jeu de tasses à mesurer allant de 60 ml (1/4 tasse) à 250 ml (1 tasse). Voir « Pour mesurer », page 31.

Mesures de température

En plus de peser et de mesurer les ingrédients, vous devrez contrôler la température de la cuisinière, du four et du barbecue. Ces appareils sont munis de boutons de contrôle qui vous permettent de régler l'intensité de la chaleur selon vos besoins.

Il existe plusieurs méthodes pour vérifier le degré de cuisson des différents aliments. Un couteau piqué dans les légumes ou les pommes de terre vous indiquera s'ils sont tendres. Quand la pointe d'un couteau insérée dans un gâteau en ressort propre, c'est que celui-ci est cuit. La fermeté d'une viande que l'on presse du bout du doigt indiquera son degré de cuisson.

Ces différentes méthodes de vérification ont leur utilité, mais le thermomètre est sans contredit le seul outil de mesure précis et infaillible pour contrôler la cuisson des viandes, s'assurer que l'huile de friture a atteint la bonne température avant d'y placer les aliments ou vérifier la température du sucre lors de la préparation des confiseries. Le thermomètre (à lecture instantanée pour les viandes et à confiserie pour l'huile et le sucre) est un petit outil essentiel pour éviter des surprises désagréables.

TEMPÉRATURE

Celsius (°C)	Fahrenheit (°F)	Celsius (°C)	Fahrenheit (°F)
43 °C	110 °F	135 °C	275 °F
49 °C	120 °F	150 °C	300 °F
55 °C	130 °F	160 °C	325 °F
60 °C	140 °F	180 °C	350 °F
70 °C	150 °F	190 °C	375 °F
71 °C	160 °F	200 °C	400 °F
77 °C	170 °F	220 °C	425 °F
82 °C	180 °F	230 °C	450 °F
90 °C	190 °F	240 °C	475 °F
95 °C	200 °F	260 °C	500 °F
100 °C	210 °F	270 °C	525 °F
110 °C	230 °F	290 °C	550 °F
120 °C	250 °F		

MESURES LINÉAIRES

Pouces	Millimètres (ml) et centimètres (cm)
1/8 po	3 mm
1/4 po	5 mm
1/2 po	1 cm
3/4 po	2 cm
1 po	2,5 cm
1 1/4 po	3 cm
1 1/2 po	4 cm
1 3/4 po	4,5 cm
2 po	5 cm
2 1/2 po	6 cm
3 po	8 cm
3 1/2 po	9 cm
4 po	10 cm
4 1/2 po	11 cm
5 po	13 cm
5 1/2 po	14 cm
6 po	15 cm
7 po	18 cm
8 po	20 cm
9 po	23 cm
10 po	25 cm
11 po	28 cm
12 po	30 cm
13 po	33 cm
14 po	35 cm
15 po	38 cm
16 po	40 cm
17 po	43 cm
18 po	46 cm
32 po	82 cm

(i) En ce qui concerne le choix d'un thermomètre, plusieurs modèles s'offrent à vous : le thermomètre à lecture instantanée (standard ou numérique), le thermocouple ou thermomètre électronique qui combine plusieurs usages, puis le thermomètre pour l'huile ou la confiserie (aussi appelé thermomètre à bonbon).
Voir « Pour mesurer », page 31.

La mise en place

Lire la recette

1 Vous devrez bien lire la recette avant de l'entreprendre. Idéalement, une nouvelle recette devrait être lue trois fois. Faites une première lecture tranquille, assis, loin de la cuisine, de manière à bien saisir ce que vous aurez à faire. Pendant cette première lecture, cherchez dans le glossaire les termes culinaires avec lesquels vous n'êtes pas très familier, le but ici étant de comprendre la recette.

2 Dans un deuxième temps, vous exécuterez la mise en place. Cette étape consiste à relire la liste des ingrédients en préparant ces derniers. C'est ici que vous les mesurerez et les transformerez, si nécessaire. Placez les différents ingrédients dans des petits contenants et disposez-les dans l'ordre où ils apparaissent dans la liste.

3 La dernière lecture consistera à revoir entièrement la recette (ingrédients et préparation). Cette lecture finale vous permettra de vérifier si vous avez préparé tous les ingrédients nécessaires et de réviser le processus d'assemblage de ceux-ci.

(i) Secret de chef :
Une mise en place bien exécutée vous épargnera des erreurs ou des oublis. Avec l'expérience, elle vous permettra éventuellement de préparer plusieurs plats à la fois.

Avec un peu de pratique et d'expérience, vous serez bientôt capable de fermer votre livre de recettes et de préparer votre plat sans avoir à vous y référer.

Une bonne réserve d'aliments, les outils essentiels et une bonne compréhension des systèmes de mesures sont trois conditions pour bien cuisiner. Toutefois, il faut aussi savoir lire une recette et bien la comprendre.

Une recette est une liste qui présente les différents ingrédients nécessaires à la réalisation d'un plat ainsi que la méthode de préparation et de service de celui-ci. Cette liste, si elle est bien écrite, présentera les ingrédients dans l'ordre où ils devront être utilisés et elle donnera leur forme d'utilisation finale (exemples : carotte pelée, oignon ciselé, 450 g (1 lb) de bœuf de ronde coupé en cubes de 2,5 cm (1 po), etc.).

LE GLOSSAIRE

L'art culinaire fait appel à un vocabulaire spécialisé. Le glossaire suivant veut par conséquent expliciter certains termes employés dans ce guide ou dans d'autres livres de cuisine. Ce répertoire se compose de mots d'action, de techniques et d'outils de cuisine.

Nous avons simplifié le vocabulaire et chaque mot a son importance. Utilisez ce glossaire pour chercher un mot ou parfaire une technique.

ABAISSE Pâte (brisée, feuilletée ou sablée) étendue plus ou moins finement, utilisée pour des fonds de tartes, de quiches, etc. Voir recette page 258.

ABAISSER Étendre une pâte à l'aide d'un rouleau à pâte ou d'un laminoir pour en faire une abaisse plus ou moins fine.

ABATS Parties des animaux de boucherie et des gibiers à poil, qui sont comestibles et qui ne sont pas des muscles.

a) Abats blancs : Amourettes (moelle), animelles (testicules), cervelle, pieds, ris et tête.

b) Abats rouges : Cœur, foie, langue, poumons, rate et rognons.

ABATTIS Parties des volailles et des gibiers à plumes, qui sont comestibles et qui ne sont pas des muscles : ailerons, cœur, cou, crête, foie, gésier, pattes, rognons et tête.

ABRICOTAGE Purée de fruits (abricots) sucrée, additionnée de gélatine et utilisée en pâtisserie.

ABRICOTER Déposer à l'aide d'un pinceau une fine couche d'abricotage fondu sur des gâteaux, des desserts variés, pour les rendre plus brillants (lustrés), améliorer le goût et surtout empêcher l'air de les déshydrater (dessécher).

ACIDULER Ajouter du vinaigre ou du jus de citron à certains aliments pour en conserver la couleur et leur donner du goût.

AFFILER Rendre plus tranchant le fil de la lame d'un couteau à l'aide d'un fusil.

AFFINAGE Technique par laquelle certains fromages sont transformés par l'action de micro-organismes (bactéries), ce qui leur donne leur spécificité (goût et texture).

AFFRANCHIR Nettoyer une poêle en acier noir en la chauffant et en la frottant avec du gros sel, puis en la chauffant de nouveau avec un peu d'huile pour empêcher les aliments d'y coller.

AFFÛTER Rendre plus tranchant le fil de la lame d'un couteau, à l'aide d'une meule ou d'une pierre à aiguiser. Synonyme d'*aiguiser*.

AIGUILLETTES a) Tranches de viande étroites et longues, prélevées dans une poitrine de volaille ou un morceau de bœuf, de veau, d'agneau et de porc.

b) Pièce de bœuf provenant de la pointe de surlonge appelée «aiguillette baronne».

AIGUISER Synonyme d'*affûter*.

ALLONGER Ajouter un liquide (fond, vin, eau) à une préparation pour en réduire la consistance ou pour en augmenter la quantité.

ANGLAISE
(à l'~) a) Façon d'apprêter les poissons et certaines viandes qui sont d'abord panés, puis sautés ou frits.

b) Pour les légumes : Cuisson à l'eau bouillante salée. Voir **Bouillir**.

c) Pour la viande et la volaille : Cuisson dans un fond, avec ou sans légumes. Voir **Bouillir**.

ANGLAISE Mélange d'œufs battus, d'huile, de sel, de poivre et d'un peu de lait ou d'eau, servant à paner divers aliments à l'anglaise. Voir **Paner**.

ANTIPASTO Mot italien qui désigne les hors-d'œuvre et amuse-gueules, colorés et abondants, servis à l'apéritif ou en début de repas.

APLATIR Action de frapper une pièce de viande ou de poisson pour la rendre plus mince, dans le but de l'attendrir ou de la cuire plus facilement.

Le glossaire

APPAREIL — Mélange de plusieurs éléments entrant dans la composition d'un plat. *Exemples : pâte à crêpes, farce à raviolis.*

APPRÊT — Ensemble des diverses opérations culinaires servant à la confection d'un plat.

APPRÊTER — Préparer un mets, par un ensemble de gestes et d'étapes.

ARAIGNÉE — Cuillère trouée et grillagée, munie d'un long manche, utilisée pour retirer des aliments solides d'un liquide ou d'une huile à friture.

AROMATES — Substances odorantes employées en cuisine pour parfumer les aliments. Généralement produits par les plantes, on les trouve frais, séchés ou congelés. *Exemples : thym, laurier, basilic, menthe, estragon, etc.*

AROMATISER — Parfumer un mets ou une préparation culinaire par l'addition d'une substance telle que l'essence de vanille, des aromates, de l'alcool, etc.

ARROSER — Répandre un liquide, à l'aide d'une cuillère, sur une pièce de viande pendant la cuisson au four ou à la broche, afin d'en éviter le dessèchement. Le liquide peut être le jus de la pièce de viande, du beurre fondu, de l'eau, etc.

ASPIC — Préparation culinaire en gelée à base de viande, de poisson, de légume, d'œuf, etc., moulée et servie froide.

ASSAISONNER — Donner du goût, de la saveur à une préparation culinaire en y ajoutant des aromates, des épices et des condiments tels que le thym, le poivre, le sel, l'huile, la moutarde, etc. Voir **Condimenter**.

ASSIETTE À TARTE — Ustensile de cuisson rond ressemblant à une assiette creuse, habituellement en tôle d'aluminium ou en fer blanc, à rebords légèrement obliques et lisses, dans lequel on prépare toutes sortes de tartes et de tourtes, salées ou sucrées.

ATTENDRIR Rendre moins fermes les viandes de boucherie et les gibiers en les laissant rassir (séjourner au froid) pendant plusieurs jours. Aplatir peut attendrir en brisant les nerfs des viandes. Cuire longtemps une viande attendrit sa chair.

ATTEREAU Petite brochette garnie de fruits, de légumes ou de viandes et même de poisson. Contrairement à la brochette, sur laquelle on enfile les aliments crus pour les cuire sur le gril, l'attereau accueille des aliments qui sont déjà cuits. Ces derniers peuvent parfois être trempés à l'anglaise et frits.

B

BABEURRE Lait de beurre. Liquide résiduel obtenu après barattage de la crème en beurre.

BADIGEONNER Enduire d'un liquide un aliment cru ou cuit à l'aide d'un pinceau.

BAIN-MARIE Récipient contenant de l'eau dans lequel on dépose un autre récipient afin d'y faire cuire des aliments ou de les maintenir au chaud.

BAIN-MARIE
(cuire au ~) Technique qui consiste à cuire les préparations délicates en plongeant leur contenant dans un bain-marie. *Exemples : œufs brouillés, sauce hollandaise, terrines (au four), crème anglaise, beurre clarifié, etc.*

BALANCE Instrument qui sert à peser des aliments.

BALLOTTINE Préparation à base de viande, de volaille, de gibier à plumes ou de poisson, généralement de petit format, voire façonnée en portions individuelles. Il s'agit de chair farcie, roulée et ficelée, souvent avec la peau, braisée ou pochée et servie chaude avec sauce ou jus d'accompagnement. *Exemple : ballottine de caille aux raisins.*

BARBECUE Appareil de cuisson chauffant au bois, au charbon, au gaz ou à l'électricité, destiné à cuire à la broche ou à griller une multitude d'aliments. Pour certains, ce mot provient de l'expression française « de la barbe à la queue », c'est-à-dire embrocher l'animal de la barbe à la queue. Pour d'autres, il vient du mot haïtien *barbacoa*, qui désigne une méthode de cuisson, alors que le *brasero* est espagnol.

BARDE Mince tranche de gras de porc (lard) que l'on fixe sur les rôtis (bœuf, veau, gibiers, tournedos, etc.) pour empêcher leur déshydratation pendant la cuisson.

BARDER Fixer une barde de lard autour d'une pièce de viande ou la déposer au fond d'un moule. Voir **Foncer**.

BATTRE Mélanger, incorporer des ingrédients à l'aide d'un fouet, d'une spatule, d'une fourchette ou d'un batteur électrique. Voir **Monter**.

BATTEUR À MAIN	Appareil électrique muni de batteurs, que l'on tient dans la main et qui sert à mélanger une préparation.

BÉATILLES	Petit ragoût d'abats et d'abattis (crête et rognons de coq, ris d'agneau, champignons, etc.) lié avec un velouté ou une sauce suprême et employé comme garniture de bouchées, de croustades, de vol-au-vent, de tourtes, etc.
BEURRE CLARIFIÉ	Voir **Clarifier**.
BEURRE MANIÉ	Mélange d'une même quantité de beurre et de farine, utilisé pour lier ou donner de la consistance à une préparation liquide (sauces ou potages).
BEURRE EN POMMADE	Beurre ramolli avant son incorporation dans une pâte et auquel on a donné une consistance de pommade. Phase préparatoire au crémage.

BEURRER	a) Un ustensile : À l'aide d'un pinceau, enduire de beurre mou ou clarifié un moule, un plat ou un papier. b) Une préparation : Ajouter des morceaux de beurre froid à une purée, à un potage ou à une sauce. Voir **Tamponner**.
BISQUE	Potage généralement préparé à base de crustacés (écrevisses, homards, crevettes, langoustines). L'utilisation des carapaces est essentielle pour obtenir une bonne concentration des saveurs. Voir recette page 184.

Le glossaire

BLANCHIR

a) *Les légumes* : Plonger les légumes dans l'eau bouillante salée durant quelques minutes, les refroidir à l'eau froide et les égoutter, afin d'éliminer leur âcreté (c'est une cuisson complète pour les épinards). Les pommes de terre et les légumes secs se blanchissent par un départ à froid.

b) *La viande* : Immerger les viandes et les abats dans l'eau froide, puis les porter à ébullition pour éliminer l'excédent de sel, les impuretés ou pour raffermir les chairs.

c) *En pâtisserie* : Travailler vigoureusement, à l'aide d'une spatule en bois, des jaunes d'œufs et du sucre pour préparer une crème anglaise, une crème pâtissière, etc.

BLANQUETTE
Préparation à base de veau, d'agneau ou de volaille, servie en sauce blanche et liée aux jaunes d'œufs et à la crème.

BLEU
Degré de cuisson des viandes rouges à peine cuites (qui sont servies plus crues que saignantes).

BLEU (cuire au ~) Méthode de cuisson réservée aux poissons entiers, appelés portions (truite, carpe, brochet), pêchés du jour et plongés dans un court-bouillon vinaigré bouillant. La peau devient bleue à cause du limon visqueux qui la recouvre.

BLINIS
Crêpes russes qui accompagnent le caviar et les poissons fumés.

BLONDIR
Faire colorer légèrement un aliment dans un corps gras (beurre, huile).

BOL À MÉLANGER
Contenant creux de grosseur variable dans lequel on mélange des ingrédients.

BORDURE
Aliments façonnés et dressés sur le pourtour d'un plat, d'une coquille Saint-Jacques ou d'un autre objet, destinés à améliorer la présentation. On peut utiliser des tomates, des olives, des tranches de citron, des pommes de terre duchesse, de la crème fouettée, etc.

BOUCANER   Méthode qui consiste à fumer et à sécher des aliments (viandes et poissons) pour leur donner du goût et, surtout, les conserver.

BOUCHÉE   Salées ou sucrées, elles sont souvent servies en entrée (canapés et amuse-gueules) ou en dessert (mignardises et petits fours).

BOULER   Travailler une pâte avec la main en creux en effectuant un mouvement rotatif pour obtenir une boule. Ce verbe est à l'origine du mot « boulanger », c'est-à-dire celui qui fait des pains en boule.

BOUILLABAISSE   Soupe de la Provence (Marseille) composée de bouillon de poissons, de morceaux de poissons et de crustacés, et aromatisée au safran et au pastis, le tout accompagné de rouille.

BOUILLI   Désigne une pièce de viande (bœuf) cuite en pot-au-feu, dans un bouillon ou un consommé.

BOUILLIR   Action de porter un liquide à ébullition et d'y cuire des aliments.

BOUILLON   Liquide de cuisson de viande ou de légumes bouillis. S'utilise pour des sauces, des potages et la cuisson de viandes en ragoûts. Synonyme de *fond*.

BOULETTE   Apprêt façonné en forme de boule, généralement à base de farce de viande, de poisson ou de légumes.

B

Le glossaire

BOUQUET GARNI Ensemble d'aromates tels que queues de persil, thym, laurier et autres, ficelés en fagot et généralement utilisés pour les fonds, les sauces et les ragoûts.

BOUQUETIÈRE Ensemble de petits bouquets de légumes disposés autour d'une pièce de viande grillée, sautée ou rôtie.

BOURRIDE Ragoût de poisson aromatisé à l'ail.

BRAISER Cuire à couvert, à feu doux ou au four, à court mouillement, des aliments tels que des légumes (endives, céleri, laitues, artichauts) ou de la viande (bœuf, jambon, etc.). Voir page 199.

BRAISIÈRE Récipient de cuisson réservé aux braisés, muni d'un couvercle s'emboîtant bien sur les rebords et de deux poignées. La cocotte en fonte est une sorte de braisière.

BRASSER Mélanger des aliments en exécutant un mouvement circulaire.

BRIDER   Ficeler une volaille pour lui conserver sa forme pendant la cuisson.

Étape 1 | Étape 2 | Étape 3

Étape 1 : Plier les ailes sous la volaille.

Étape 2 : Placer la ficelle sous la moitié avant de la volaille entre les poitrines et les ailes.

Étape 3 : Ramener les deux extrémités de la ficelle vers l'arrière.

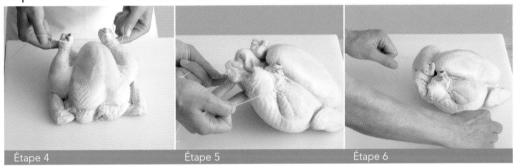

Étape 4 | Étape 5 | Étape 6

Étape 4 : Croiser la ficelle et encercler les deux extrémités des pilons de cuisses.

Étape 5 : Serrer le tout contre la carcasse.

Étape 6 : Ficeler solidement.

Étape 7 : Faire un double nœud.

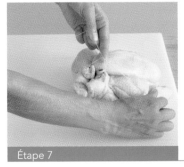

Étape 7

Le glossaire

BRIGADE DE CUISINE — Ensemble du personnel préparant les repas dans les grands hôtels, les restaurants et les hôpitaux. Le chef en est le responsable.

BROCHE À RÔTIR — Tige de métal sur laquelle on embroche des aliments (volaille, gigot, gibiers, etc.) pour les cuire à la broche dans un four, sur la braise, ou au barbecue.

BROCHETTE — Petite tige de métal ou de bois, sur laquelle on embroche des petits morceaux de viandes, poissons, crustacés, légumes, fruits, généralement cuits sur le gril.

BROUILLER — Action qui se rapporte à la cuisson des œufs brouillés. Voir page 236.

BROYER — Écraser, concasser pour réduire en poudre ou en pâte.

BRÛLER —
a) Technique qui consiste à colorer au maximum des oignons pour en faire caraméliser les sucs, afin de colorer des bouillons ou des fonds.
b) Technique de coloration au sucre dans le cas de la crème brûlée.

BRUNOISE — Légumes coupés en petits dés servant de garniture pour des sauces, des potages ou des farces. Dans le cas de l'oignon, le terme « ciseler » serait plus approprié. Voir pages 188 et 190.

BUISSON (en ~) Dresser en forme de pyramide des homards, des crevettes, des écrevisses ainsi que certains poissons frits.

C

CANAPÉS   Tranches de pain nature ou grillé de formes et d'épaisseurs variées, garnies de légumes, de viandes et de poissons divers. Servis en petites portions comme amuse-gueules froids ou chauds, les canapés sont présentés au cocktail, à l'apéro et en buffet.

CANNELER   Pratiquer des cannelures à l'aide d'un couteau canneleur à la surface de certains fruits (orange, citron) et légumes (carotte, concombre, courgette) pour en agrémenter la présentation.

CANNELEUR   Petit couteau muni d'une lame en «V» qui permet de réaliser des cannelures, des sillons ou des rainures.

CANNELURE   Écorce d'agrume prélevée avec un canneleur.

CAQUELON   Poêlon en terre cuite émaillée ou en métal de tailles diverses, utilisé pour les plats mijotés, gratinés ou les fondues, que l'on installe sur un réchaud.

CARAMEL   Sucre fondu et cuit jusqu'à coloration.

CARAMÉLISER   a) Pour les sucs de viande : Faire colorer des sucs de viande dans un récipient, dans le but de les récupérer pour en faire des fonds, des jus ou d'autres liquides avant de les dégraisser et de les déglacer. Synonyme de *pincer*.

b) Enduire de caramel l'intérieur d'un moule, en effectuant un mouvement circulaire rapide.

CARCASSE   Ensemble des os des volailles. Dans le cas des animaux de boucherie, la carcasse désigne les os et les muscles qui y sont attachés.

CASSEROLE   Ustensile de cuisson de forme cylindrique, pourvu d'un manche et parfois d'un couvercle.

CAVIAR   Œufs d'esturgeon salés et marinés. Il existe du faux caviar : de saumon, de truite et de lompe.

CERNER   Pratiquer des incisions sur des fruits pour les évider, les peler, les cuire ou en lever les quartiers.

CEVICHE   Préparation de poissons ou de mollusques crus, tranchés finement et marinés dans du jus de citron ou de lime.

CHABLON   Modèle découpé, de formes diverses, servant de calibre ou de moule très plat, pour le dressage à la spatule de cigarettes, feuilles, fonds divers, etc.

CHANTILLY   Crème à 35 % fouettée et sucrée. Voir recette page 266.

CHARTREUSE   Préparation culinaire composée de viandes diverses et de légumes taillés finement et qui, dressés dans un moule par couches successives, permettent un jeu de couleurs. La préparation est cuite puis démoulée et se sert chaude ou froide.

CHÂTRER   Retirer (à l'aide des doigts) l'intestin des écrevisses avant de les cuire.

CHAUD-FROID   Préparation culinaire composée d'une sauce blanche ou brune, additionnée de gélatine et qui se mange froide.

CHAUDRÉE (*chowder*)   Soupe de poisson à base de vin blanc, de beurre et d'ail.

CHAUDRON   Ustensile de cuisson en fonte ou en cuivre. Muni d'une anse, il pouvait être suspendu dans l'âtre d'une cheminée.

CHAUFROITER   Napper des aliments (surtout des viandes et poissons) cuits et refroidis, d'une sauce chaud-froid.

CHAUSSON   Préparation à base de pâte feuilletée ou autre, garnie de farce, de viande, de poisson, de légumes ou de fruits. Cuit au four, le chausson se sert chaud ou froid.

CHEMINÉE   Ouverture découpée dans une abaisse de pâte couvrant une tarte ou un pâté en croûte, afin de permettre à la vapeur de s'échapper lors de la cuisson.

CHEMISER Appliquer une couche de gelée, de pain, de tranches de jambon, de caramel, de biscuits ou de papier sulfurisé contre les parois d'un moule, pour pouvoir démouler plus facilement la préparation qu'il contient.

CHIFFONNADE Préparation de feuilles de laitue ou d'oseille, émincées en fines lanières pour garnir des plats de hors-d'œuvre, ou tombées au beurre pour garnir des potages ou des légumes (petits pois).

CHINOIS Passoire métallique de forme conique, munie d'un manche.

CHUTNEY Condiment fortement épicé à base de fruits et de légumes longuement cuits dans du sucre et du vinaigre pour les confire.

CISELER
a) Pour les poissons : Faire des incisions en diagonale à la surface de certains poissons ou de filets pour en faciliter la cuisson et en agrémenter la présentation.
b) Pour les laitues : Émincer de la laitue ou de l'oseille. Voir page 190.
c) Pour les bulbes : Couper des oignons ou des échalotes en petits dés.

C

CISEAUX DE CUISINE	Ustensile composé de deux branches tranchantes.

CITRONNER
a) Pour le goût : Ajouter du jus de citron à une préparation pour en modifier le goût.

b) Contre l'oxydation : Enduire de jus de citron la surface de certains fruits ou légumes pour éviter qu'ils s'oxydent et brunissent.

CLARIFICATION Préparation culinaire composée de chairs hachées, de légumes et de blancs d'œufs ou de sang qui, ajoutée à un fond et chauffée, transforme ce dernier en consommé.

CLARIFIER
a) Rendre claire une substance qui est trouble. *Exemple : fond blanc avec clarification pour un consommé de base.*

b) Séparer le blanc du jaune d'œuf.

c) Filtrer un liquide pour le rendre clair.

d) Fondre du beurre pour séparer le gras du petit lait.

Fondre le beurre   Écumer   Décanter

CLOUTER
a) Pour les oignons : Piquer des clous de girofle dans un oignon (sert de garniture aromatique).

b) Avant leur cuisson, piquer en surface les viandes, les poissons et autres de petits bâtonnets de jambon, de fruits, de truffes, d'oignons ou de légumes.

COCHONNAILLES Mot qui désigne de la charcuterie en général.

COCOTTE Ustensile de cuisson en fonte, en cuivre, en verre trempé ou en céramique, de forme ronde ou ovale, toujours muni de deux poignées et d'un couvercle, utilisé pour les cuissons longues. La fonte émaillée, malgré son poids assez élevé, est recommandée pour sa facilité d'entretien et sa conductibilité.

COIFFE Fine membrane veinée de gras, provenant principalement du porc. Elle est utilisée pour recouvrir des pâtés, des terrines, des saucisses (crépinettes) et des légumes farcis (chou). Synonyme de *crépine*.

COLLER Ajouter de la gélatine dans certaines préparations culinaires pour les rendre plus fermes lors de leur refroidissement. *Exemples : gelées et aspics, sauce chaud-froid, mousses de viandes, de poissons et de légumes, ainsi que beaucoup d'entremets sucrés (bavarois et mousses aux fruits).*

COLORER a) Un aliment : Faire saisir un aliment, une viande, un légume ou autre, généralement à feu vif et dans un corps gras, pour obtenir une légère caramélisation des sucs.

    b) Une préparation : Ajouter un colorant à un mets ou à une sauce.

COMPOTE a) Sucrée : Préparation à base de fruits frais, congelés ou secs, entiers ou coupés, cuits avec du sucre et à feu doux.

    b) Vinaigrée : Préparation culinaire à base de fruits, de légumes, d'oignons ou d'échalotes, coupés en petits dés, cuits avec du sucre et du vinaigre. Utilisée comme condiment, elle ressemble au chutney mais elle cuit beaucoup moins longtemps.

Le glossaire

COMPOTER   Cuire lentement et longtemps des aliments qui vont s'effilocher après cuisson. *Exemples : rillettes de porc, de lapin et de canard.*

CONCASSER   Couper ou hacher grossièrement des aliments (légumes, persil, os, arêtes, tomates, olives). Dans le cas du poivre, il portera le nom de mignonnette.

CONCENTRATION   Évaporation de l'eau des sauces ou des préparations par la cuisson, ce qui a pour effet de corser les saveurs.

CONCHER   Travailler de la couverture de chocolat pour la rendre plus homogène et onctueuse.

CONDIMENT   Toute substance alimentaire utilisée pour donner du goût à des préparations culinaires et en rehausser la saveur. Les condiments sont essentiels dans la cuisine et incluent les aromates (thym, persil, basilic...), les épices (poivre, muscade, clou...), les corps gras (huile, beurre...), les mélanges (ketchup, chutney, nuoc-mam...) et autres (sucre, sel, vinaigre, jus de citron...).

CONDIMENTER   Rehausser le goût des préparations culinaires avec divers condiments.

CONFIRE   a) Pour les viandes : Cuire longuement et lentement des viandes de porc, de canard, d'oie, de volaille ou de lapin dans du gras de porc (saindoux) ou du gras d'oie ou de canard. Cette technique permet de les conserver dans la graisse pour une longue période et donne des confits de porc, de canard, d'oie, etc.

b) Pour les fruits : Cuire lentement des fruits ou des écorces de fruits dans un sirop pour les attendrir et les conserver. *Exemples : marrons glacés, fruits confits, écorces d'agrumes.*

c) Pour les conserves : Conserver des fruits ou des légumes dans du vinaigre, de l'alcool ou de l'huile. *Exemples : cornichons, fruits au cognac, poivrons à l'huile d'olive, tomates séchées.*

CONSOMMÉ   Potage clair obtenu par la clarification d'un fond (bœuf, volaille ou autre) additionné de garnitures très variées.

Le glossaire

CORDER   Rendre une purée de pommes de terre collante en la mélangeant trop. Les amidons la rendent gluante et visqueuse.

CORDON   Désigne une sauce que l'on dispose autour d'une pièce de viande ou autre, servie sur une assiette ou sur un plat de présentation.

CORNE   Ustensile plat en plastique, de forme ovale ou en demi-cercle, qui était en corne à l'origine, d'où le nom.

CORNER   Nettoyer soigneusement le bord d'un récipient à l'aide d'une spatule en caoutchouc ou d'une corne en plastique.

CORPS   État d'une pâte après pétrissage. Le corps d'une pâte s'apprécie par sa tenue, son élasticité, sa résistance à l'extension comme à la compression. Le corps est directement lié à la quantité et à la qualité du gluten dans la farine.

CORSER   Augmenter le goût ou la saveur d'un mets, soit en y ajoutant des condiments, soit en le réduisant par évaporation (concentration).

COSSE   Enveloppe des légumineuses (pois, haricots blancs et rouges, gourganes).

COUCHER   Déposer une pâte, une farce ou un autre mélange sur une plaque à l'aide d'une poche munie d'une douille, afin de leur donner une forme spécifique avant la cuisson. *Exemples : éclairs, choux, quenelles, pommes de terre duchesse.* Voir page 257.

COULIS Purée plus ou moins épaisse de fruits ou de légumes, crus ou cuits (framboises, tomates). Voir page 269.

COUPE-PÂTE Petit instrument muni d'une ou plusieurs lames non tranchantes, utilisé pour mélanger les ingrédients de base d'une pâte. Sert aussi à récurer le bol à mélanger et la surface de travail.

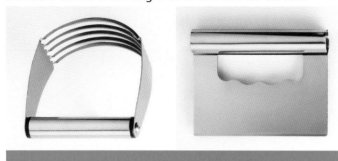

COUPES Voir les différentes coupes de légumes aux pages 188 à 191.

COUPER Diviser ou séparer un aliment en le tranchant à l'aide d'un instrument (couteau, couperet, ciseau, etc.).

COUPERET Couteau large en forme de hache pour couper des os et des carcasses.

COURONNE (dresser en ~) Garnir un plat ou une assiette avec un ou des aliments en laissant le centre libre. *Exemples: riz, mousses, légumes (moulés puis retournés), train de côtes (veau, porc, agneau).*

COURT-BOUILLON Préparation liquide fortement aromatisée et épicée, parfois vinaigrée, utilisée pour cuire, pocher, bouillir des poissons et des crustacés ainsi que certains abats blancs.

COUTEAU DU CHEF
Couteau dont la lame est plus ou moins longue et large.

COUTEAU D'OFFICE
Petit couteau servant à parer les fruits et les légumes.

COUTEAU À PAIN
Long couteau à dents tranchantes.

COUTEAU À FILETER LE POISSON
Couteau à lame fine et flexible plus ou moins longue.

COUTEAU À DÉPECER   **COUTEAU À HUÎTRES**   **COUTEAU TRANCHE-LARD**

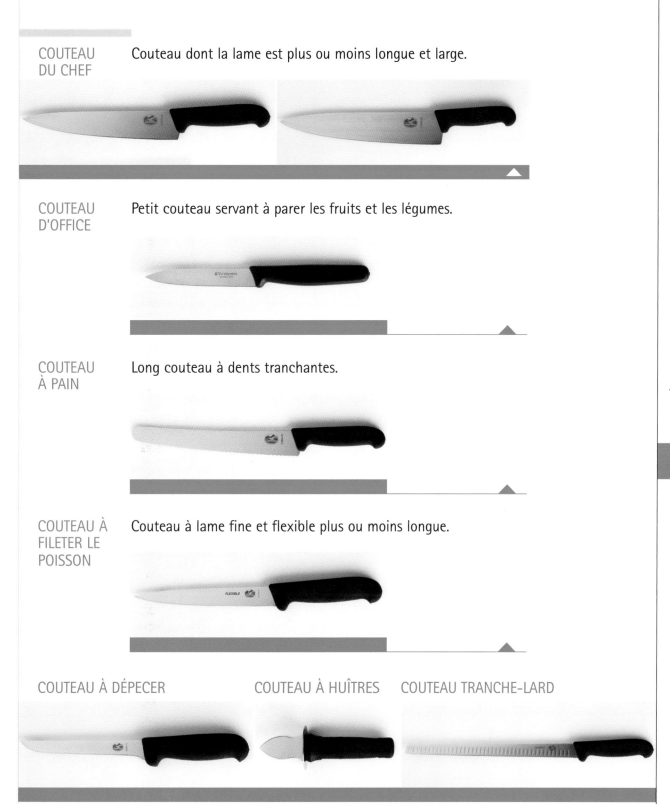

C

COUVRIR — Déposer un couvercle, un papier, une pâte ou une substance quelconque sur des aliments, pour les protéger ou en accélérer la cuisson.

CRÉMER — a) En cuisine : Ajouter de la crème à une préparation culinaire pour la lier ou lui donner du goût.

b) En pâtisserie : Mélanger vigoureusement du sucre et du beurre en pommade à l'aide d'une spatule ou d'un fouet.

CRÉPINE — Voir **Coiffe**.

CREVER — a) Cuire préalablement à l'eau les céréales (blé, orge, riz au lait) pour obtenir un meilleur résultat à la deuxième cuisson. Synonyme de *blanchir*.

b) Enlever le surplus d'air dans une pâte à levure. Voir page 245.

CRISTALLISER — Cuire ou traiter des fruits ou des fleurs dans un sirop afin d'en conserver la forme et la couleur.

CROQUETTE — Préparation culinaire servie chaude, composée d'un mélange relativement ferme d'aliments divers (purée de pommes de terre, poissons, viandes, légumes et fruits), liés avec des sauces, roulés et formés en cylindre, en palet, etc., puis panés à l'anglaise et frits.

CROUSTADE — Préparation culinaire destinée à recevoir des aliments en sauce. Sorte de bouchée de taille variable faite de pâte ou de pommes de terre duchesse, ou découpée dans du pain.

CROÛTONS — Morceaux de mie de pain de formes diverses sautés au beurre, frits dans l'huile, grillés ou séchés au four. Utilisés pour garnir des potages, des viandes ou des poissons, ils servent également de canapés pour les cocktails.

CUILLÈRE À CRÈME GLACÉE — Cuillère semi-sphérique souvent munie d'un petit levier qui en détache la boule de crème glacée.

CUILLÈRE — Ustensile comprenant une partie creuse.

CUILLÈRE À MESURER — Ustensile comprenant une partie creuse et servant à mesurer en volume des petites quantités.

CUIRE — a) Action qui consiste à transformer le goût et la texture des aliments en les soumettant à la chaleur. On peut aussi cuire certains aliments en les mettant en contact avec des éléments acides tels que le vinaigre et le jus de citron. *Exemples : ceviche de poissons ou de mollusques.*

b) À découvert : Cuire sans le couvercle.

CUISSEAU — Partie de la patte arrière du veau (fesse dont les muscles sont fixés autour du fémur et une partie du coxal).

CUISSOT — Synonyme de *cuisseau* mais exclusivement pour le gibier à poil (chevreuil, cerf, caribou, sanglier).

CUISSON — Voir les modes de cuisson page 197.

CUL-DE-POULE — Bol en métal, en verre ou en plastique, de grandeur très variée, servant à mélanger les aliments.

D

DARIOLE   Petit moule de forme conique, utilisé pour cuire des babas, mouler des mousses en portions individuelles ou des flans.

DARNE   Tranche de poisson (saumon, flétan...) coupée dans le sens de la largeur, d'une épaisseur de 2 à 3 cm (3/4 po à 1 1/4 po).

DAUBE   Sorte de cuisson à l'étouffée, appliquée au bœuf (daube de bœuf) ainsi qu'à d'autres viandes et légumes. Le tout cuit longtemps et très lentement.

DÉBRIDER   Retirer la ficelle qui a servi à attacher, ficeler ou brider une volaille ou un gibier à plumes.

DÉCANTER   a) Un liquide : Transvaser délicatement une substance liquide pour en éliminer les impuretés, qui sont plus lourdes et qui restent au fond. *Exemples : petit lait du beurre fondu, particules d'un fond blanc ou lie du vin.*

                          b) Une préparation : Séparer la viande d'un ragoût de sa garniture aromatique avant de passer la sauce au chinois.

DÉCERCLER   Retirer, après la cuisson ou le refroidissement, le cercle qui maintient une pâte ou une mousse.

DÉCORER   Ajouter des éléments pour rehausser la présentation et l'effet visuel des plats, les rendre plus attrayants et appétissants.

DÉCORTIQUER Retirer l'enveloppe de certains fruits, la coquille des noix ou la carapace de certains crustacés (crevette, crabe, langoustine, homard, etc.).

Le glossaire

DÉCOUPER a) Après cuisson : Action de couper ou de trancher les volailles, les viandes, le gibier, le poisson, généralement exécutée par le trancheur.

b) À cru : Dépecer, désosser, trancher, lever ou escaloper, avant cuisson.

DÉCUIRE Ramener un sirop de sucre à un degré de cuisson inférieur, en y ajoutant de l'eau.

DÉGLACER Liquéfier les sucs caramélisés au fond d'un récipient de cuisson en y ajoutant un liquide (crème, eau, fond, vin), dans le but de récupérer toute la saveur.

DÉGORGER a) De la viande : Laisser tremper des aliments dans l'eau froide (courante si possible) pour les débarrasser des impuretés qu'ils contiennent : arêtes de poissons, os de volaille, abats (ris de veau, cervelle, langue).

b) Des légumes : Éliminer une partie de l'eau de certains légumes en les saupoudrant de sel, dans le but de les rendre plus faciles à cuire (aubergines et choux) ou plus digestes dans le cas des concombres.

DÉGRAISSER   a) Un fond : Éliminer la graisse qui se forme à la surface d'un fond à l'aide d'une petite louche.

b) Un plat de cuisson : Éliminer le surplus de gras avant de déglacer un récipient.

c) Une viande : Éliminer le surplus de gras d'un morceau de viande ou de volaille avant ou après la cuisson.

DÉHOUSSER   Retirer la membrane cornée (housse) des gésiers de volaille.

DÉLAYER   Mélanger une substance dans un liquide. *Exemples : farine et eau, moutarde et huile, jaune d'œuf et crème, etc.*

DÉMOULER   Retirer délicatement d'un moule une préparation culinaire après cuisson, refroidissement ou congélation.

DÉNERVER   Éliminer les nerfs ou les parties nerveuses d'une viande ou d'une volaille, spécialement ceux d'une cuisse de dinde ou de certains gibiers à plumes.

DÉNOYAUTER   Retirer le noyau d'un fruit (olive, cerise, prune, etc.) à l'aide d'un dénoyauteur ou de la pointe d'un couteau. Synonyme d'*énoyauter*.

DÉNOYAUTEUR   Petit appareil à deux tiges (comme des ciseaux) dont l'une est munie d'une coupelle et l'autre d'un poinçon, qui sert à retirer le noyau de certains fruits. Synonyme d'*énoyauteur*.

DENTELER   Former des dents au pourtour d'une quiche ou d'une tarte.

DÉPECER　　Séparer les muscles d'une pièce de viande de boucherie ou de gibier, à l'aide d'un couteau.

Technique pour dépecer une volaille.

Étape 1 : Couper la peau entre la cuisse et la poitrine jusqu'à la jointure osseuse.

Étape 2 : Déboîter le fémur et couper jusqu'à l'arrière pour extraire la cuisse.

Étape 1　　　　　　　　　　　　　　　　Étape 2

Étape 3 : Répéter les étapes 1 et 2 de l'autre côté.

Étape 4 : Couper le bout d'aile.

Étape 3　　　　　　　　　　　　　　　　Étape 4

Étape 5 : Couper l'aileron au ras du pilon d'aile.

Étape 6 : Libérer le sternum à la pointe du couteau.

Étape 5　　　　　　　　　　　　　　　　Étape 6

Étape 7 : Couper de chaque côté du sternum pour lever les suprêmes (poitrines avec l'os du pilon).

Étape 8 : Détacher la poitrine au complet.

Étape 9 : Retirer le pilon d'aile.

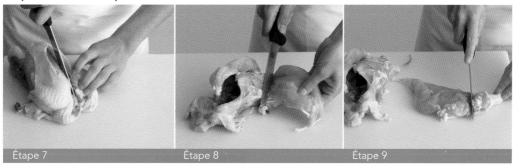

Étape 7   Étape 8   Étape 9

Découpes avec carcasse.
2 cuisses, 2 poitrines, 2 pilons d'ailes, 2 ailerons, 2 bouts d'ailes.

DÉPIAUTER   Synonyme de *dépouiller*.

D

DÉPOUILLER a) Une préparation : Retirer les impuretés qui remontent à la surface d'un fond ou d'une sauce à l'aide d'une cuillère, d'une écumoire ou d'une louche.

b) Un animal : Retirer à cru la peau d'un lièvre, d'un lapin, d'une sole, d'une volaille ou d'une anguille. Synonyme d'*écorcher*.

DÉROBER Retirer la peau ou la pelure de fèves (gourganes), de pommes de terre en robe des champs ou de tomates émondées.

DÉS Aliments coupés en cubes de grosseurs variées. *Exemples : brunoise, macédoine, mirepoix.*

DÉSARÊTER — Retirer à cru les arêtes d'un poisson, à l'aide d'un couteau, d'un économe ou d'une paire de pinces. *Exemples : filet de saumon, sole de Douvres, etc.*

DÉSHYDRATER — Retirer l'eau (dessiccation) de certains fruits, légumes et aromates pour les conserver plus longtemps et en garder la saveur. *Exemples : tomates et fruits séchés.*

DÉSOSSER — Retirer les os des viandes de boucherie, de volailles et de gibiers, crus ou cuits.

DESSALER — Laisser tremper des aliments dans l'eau froide courante pour en éliminer le sel. *Exemples : morue, lard, jambon, etc.*

DESSÉCHER — Mélanger sur le feu une préparation humide pour que le surplus d'eau s'évapore. *Exemples : pâte à choux et pommes de terre duchesse.*

DÉTAILLER — Synonyme de *couper* au sens très général.

DÉTENDRE —
a) Une préparation : Ajouter un liquide ou une autre substance à une préparation culinaire pour la rendre plus souple, plus malléable, moins ferme, moins épaisse.
b) Une pâte : Manipuler plus ou moins une pâte pour lui enlever de l'élasticité.

DÉTREMPE — Préparation de base (farine et eau) utilisée pour obturer hermétiquement un plat de cuisson (voir **Luter**) ou pour faire de la pâte feuilletée.

D

DÉVEINER   Voir **Éviscérer**.

DORER   a) Une préparation : Appliquer sur des aliments, à l'aide d'un pinceau, un mélange d'œuf, de lait ou de crème, de beurre ou de sucre, et ce, dans le but de les colorer au four.

b) Faire dorer : Faire colorer des aliments à la poêle, au four, à la salamandre ou autre, durant leur cuisson. Voir **Saisir**.

DOUBLER   Mettre une plaque ou deux sous la plaque garnie pour réduire la chaleur et empêcher une cuisson trop forte du dessous des aliments.

DRESSER   Action qui consiste à disposer les mets de façon harmonieuse sur des plats ou des assiettes.

DUXELLES   Préparation culinaire à base de champignons utilisée comme farce ou garniture de légumes ou de viandes.

E

ÉBARBER   a) Un poisson : Couper les nageoires d'un poisson à l'aide d'un couteau ou de ciseaux.

b) Un œuf : Enlever les filaments qui entourent un œuf poché.

ÉBAUCHOIR	Petit ustensile en bois ou autre servant au modelage de la pâte d'amandes.
ÉBOUILLANTER	a) Un aliment : Plonger un aliment dans de l'eau bouillante ou l'en arroser afin d'affermir sa chair, d'éliminer les impuretés ou de l'éplucher plus facilement. Synonyme d'*échauder*.
	b) Un contenant : Passer des pots à l'eau bouillante avant la mise en conserve des aliments.
ÉBULLITION	État de l'eau ou d'un liquide qui bout. (L'eau bout à 100 °C / 210 °F.)
ÉCAILLER	a) Un poisson : Enlever les écailles d'un poisson.
	b) Une huître : Ouvrir une huître.
	c) L'écailler : Personne qui vend et ouvre des coquillages (huîtres, palourdes, coques, etc.).
ÉCAILLEUR	Ustensile à lame dentée utilisé pour éliminer, en les grattant, les écailles des poissons.
ÉCALER	a) Un œuf : Retirer la coquille d'un œuf après la cuisson.
	b) Une noix : Retirer la coquille d'une noix, d'une noisette, d'une pistache et d'une cacahuète. Synonyme de *décortiquer*.
ÉCHAUDER	Voir **Ébouillanter**.
ÉCONOME	Couteau à lame légèrement incurvée, muni d'une ou deux fentes tranchantes, qui sert à éplucher les légumes et les fruits. Il en existe d'autres modèles.

ÉCORCHER	Voir **Dépouiller**.
ÉCOSSER	En parlant des légumineuses, retirer les graines de leur cosse (enveloppe).

ÉCUMER Retirer, à l'aide d'une écumoire, d'une louche ou d'une cuillère, l'écume qui se forme à la surface d'une préparation culinaire (fond, sauce, confiture, beurre clarifié, etc.).

ÉCUMOIRE Cuillère ronde, légèrement aplatie et perforée qui laisse passer les liquides tout en retenant les parties solides des aliments.

EFFILANDRER Retirer les fils ou les filandres des légumes à côtes ou dont les pétioles sont particulièrement filandreux (céleri branche, côtes de bettes, cardons, rhubarbe, etc.).

EFFILER a) Des haricots : Éliminer les fils des haricots verts en retirant le pédoncule (la queue). Voir **Équeuter**.

b) Certaines noix : Détailler des amandes ou des pistaches en fines lamelles.

ÉGERMER Éliminer le germe des gousses d'ail, des échalotes ou des oignons.

ÉGOUTTER Éliminer le surplus de liquide contenu dans les aliments en les déposant dans un chinois, une passoire, un tamis ou du coton à fromage.

ÉGRAPPER Extraire les graines des grappes de raisins, de groseilles ou de cassis. Synonyme d'*égrener*.

ÉGRENER a) Des raisins : Détacher les graines d'une grappe.

b) Une céréale cuite : Séparer les grains de riz ou de semoule après leur cuisson à l'aide d'une fourchette.

ÉGRUGEOIR Petit mortier d'usage culinaire qui sert à réduire en granules ou en poudre.

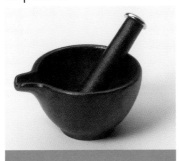

ÉGRUGER Broyer des substances (épices, poivre, sel, etc.) dans un mortier.

EMBROCHER Enfiler des aliments sur une broche pour les faire mariner, les cuire (griller, rôtir, sauter), les rassembler ou les présenter.

ÉMIETTER Réduire en petits morceaux des aliments friables tels les poissons cuits (thon, saumon, etc.), le pain et les biscuits.

ÉMINCER Couper des viandes, des légumes ou des fruits en tranches plus ou moins fines mais régulières, à l'aide d'un couteau, d'un robot-culinaire ou d'une mandoline. Voir page 191.

EMPORTE-PIÈCE Ustensile de formes variées (rond, carré, demi-circulaire, triangulaire ou en losange), dont le bord tranchant est lisse ou cannelé. Fait en acier inoxydable, en fer ou en plastique, il est utilisé pour découper des pâtes, du pain, des biscuits, etc.

E

ÉMONDER
Éliminer la peau de certains fruits en les plongeant quelques secondes dans l'eau bouillante, puis en les refroidissant immédiatement. La peau se retire alors très facilement. *Exemples: tomates, pêches, amandes, pistaches.* Synonyme de *monder.*

Équeuter   Cerner   Ébouillanter   Refroidir   Peler

ÉMULSIFIER
Mélanger énergiquement des aliments liquides non miscibles pour en faire des mousses ou des sauces assez fermes. *Exemples: sauce hollandaise, mayonnaise et certaines vinaigrettes.* Synonyme d'*émulsionner.*

ÉMULSION
Mélange de deux liquides qui se séparent si on les laisse reposer, comme l'huile et le vinaigre, mais qui se stabilise avec l'ajout d'un troisième ingrédient, comme un jaune d'œuf ou de la moutarde. Voir page 169.

ÉMULSIONNER Voir **Émulsifier.**

ENFARINER
a) Une préparation : Enrober un aliment avec de la farine avant de le cuire.
b) Un ustensile : Saupoudrer de farine un moule ou un plan de travail. Synonyme de *fariner.*

ENFOURNER   Mettre des aliments au four pour les chauffer ou les cuire.

ÉNOYAUTER   Voir **Dénoyauter**.

ÉNOYAUTEUR   Voir **Dénoyauteur**.

ENROBER   Recouvrir uniformément des aliments en les enveloppant, en les nappant ou en les trempant dans certaines substances telles que de la pâte à frire, de la glace de viande, du sirop de chocolat, des feuilles de laitue, des crêpes, des sauces, etc.

ENTRELARDÉ   Pièce de porc prélevée dans la poitrine et faite de couches de viande et de gras.

ENTREMETS   Préparations culinaires servies aujourd'hui comme desserts. *Exemples : crêpe flambée, crème caramel, crème brûlée, tarte aux fruits, pouding au riz, etc.*

ÉPÉPINER   Éliminer les pépins de certains fruits (raisins, pommes, poires, tomates).

ÉPICER   Relever le goût des aliments en leur ajoutant des épices.

ÉPICES   Substances odorantes au goût souvent piquant, elles sont généralement produites par les graines, les racines ou les branches des végétaux, comme le poivre, le clou de girofle, la muscade, le gingembre, la cannelle, la moutarde, le piment, etc. Voir « Herbes séchées et épices » page 21.

ÉPLUCHER   Enlever la pelure des légumes et des fruits à l'aide d'un couteau ou d'un économe.

ÉPONGER   Absorber l'excédent de liquide produit par un aliment avant ou après sa cuisson à l'aide d'un papier essuie-tout, d'un linge propre, etc.

ÉQUEUTER   Retirer la queue ou la tige principale de certains fruits et légumes préalablement lavés et égouttés.

Le glossaire

ESCALOPE Tranche mince et large de veau, de poulet, de porc ou de dinde, et parfois de certains gros poissons (saumon, thon, etc.).

ESCALOPER Couper en tranches plus ou moins fines, et légèrement en biais, des pièces de veau, de porc, de poisson, de légumes ou de fruits.

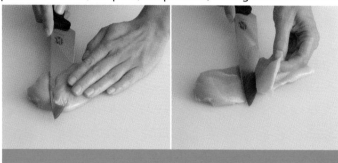

ESSENCE Préparation aromatique et fortement concentrée par la cuisson et la réduction. À base de légumes, de crustacés, de poissons et de viandes, elle est utilisée pour parfumer et donner du goût. *Exemples : essence de champignons, de sole, de gibier, etc.*

ESSORER Éliminer complètement, en recourant à la force centrifuge, l'eau qui a servi à nettoyer un légume.

ESSOREUSE Ustensile qui sert à assécher complètement la laitue, les épinards, etc.

ÉTAMINE Ustensile, en tissu ou en métal, qui sert à filtrer finement des liquides.

ÉTOUFFÉE (à l'~) Méthode qui consiste à cuire une préparation lentement, à feu doux et à couvert. Synonyme d'*étuver*. Voir page 203.

ÉTUVER Cuire doucement sous couvercle. Disposer en étuve en vue d'une fermentation, d'un stockage, d'un dessèchement.

ÉVIDER Éliminer à l'aide d'une cuillère l'intérieur d'un fruit ou d'un légume afin de le farcir (fruits givrés, concombres, courgettes, poivrons, tomates, etc.) ou de le cuire en beignet (pomme, ananas).

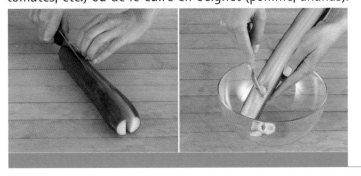

ÉVISCÉRER Retirer les viscères (intestins, cœur, foie, etc.) d'un animal (volaille, lapin, poisson, crevette ou gibier). Synonyme de *vider*.

EXPRIMER Extraire l'eau, le jus ou les graines d'un aliment en le pressant fortement.

F

FAÇONNER   Donner une forme à un aliment. Cette opération se fait généralement à la main. *Exemples: pâte en boule ou en forme de pain, pommes de terre ou viande hachée en galettes.*

FAISANDER   Laisser vieillir une viande de gibier dans un endroit frais et sec pour en accentuer le goût et en attendrir les chairs. Presque synonyme de *mortifier*, qui se fait par réfrigération et pour attendrir seulement.

FAITOUT   Marmite cylindrique, demi-haute, munie de deux oreilles et d'un couvercle, que l'on emploie pour les cuissons à l'eau, à l'étuvée ou les mijotages.

FARCE   Préparation à base d'aliments crus ou cuits, hachés, concassés ou broyés, de textures, d'origines et de goûts très variés, utilisée pour confectionner des quenelles, des pâtés, des terrines, des galantines, des ballottines ou pour farcir des légumes, des viandes ou des poissons, des pâtes alimentaires et des desserts.

FARCIR   Garnir de farce (duxelles, purée, salpicon, etc.) l'intérieur de certaines préparations (crêpes, tomates, cailles, cannellonis, oranges givrées, etc.).

FARDER   Appliquer un colorant sur des fruits et des légumes en pâte d'amandes, des glaces ou du sucre soufflé.

FARINER   Voir **Enfariner.**

FERRÉ   S'emploie pour désigner un gâteau dont le fond est brûlé.

FESTONNER   Disposer autour d'un plat ou d'une assiette une bordure décorative, composée de citron, d'orange ou de concombre cannelés, de croûtons de pain frits ou de gelée découpée à l'emporte-pièce.

FICELER   Attacher des aliments fermement avec de la ficelle (seulement destinée à la cuisine) pour en maintenir la forme durant la cuisson, les grouper ou les retirer plus facilement du plat de cuisson. *Exemples : rôti de bœuf, asperges en botte, bouquet garni, barde sur un rôti, etc.*

FILET

a) D'une viande : Partie délicate et tendre des animaux de boucherie et du gibier à poil (filet de bœuf, de chevreuil, etc.).

b) D'une volaille : Morceau allongé que l'on retrouve dans la poitrine des volailles (poulet, canard, dinde).

c) D'un poisson : Morceau levé le long de l'arête dorsale à partir de la tête jusqu'à la queue (deux pour les ronds, quatre pour les plats).

d) Liquide : Désigne un soupçon ou quelques gouttes de liquide (vinaigre, huile, jus de citron, etc.).

FILETAGE   Opération qui consiste à lever les filets d'un poisson. Cette opération peut sembler difficile les premières fois, mais deviendra plus facile avec le temps. Il est important d'utiliser un couteau assez flexible et très bien aiguisé.

FILETER   Prélever, à l'aide d'un couteau, les filets d'un poisson.

a)   Technique de filetage d'un poisson rond :

Étape 1   Étape 2   Étape 3

Étape 1 :   À l'aide de ciseaux, tailler la nageoire dorsale, les deux nageoires pectorales (sur les côtés) et les nageoires ventrales (ébarber).

Étape 2 :   À l'aide d'un couteau de chef, couper la tête en diagonale en longeant les ouïes.

Étape 3 :   Glisser ensuite le couteau à fileter à l'horizontale en allant vers la queue tout en longeant l'arête principale. Détacher le filet de l'arête et répéter l'opération de l'autre côté.

Étape 4 :   Sur certains poissons, il sera possible de laisser la peau pour la cuisson, toutefois il faudra écailler le poisson en question avant de le fileter (demandez à votre poissonnier). Pour les autres, il sera nécessaire de retirer la peau. Pour ce faire, placer le filet à plat, peau vers le bas. À 1 cm (1/2 po) de la queue, faire une petite entaille dans la chair sans couper la peau. Placer ensuite le couteau à plat et glisser celui-ci en un mouvement de va-et-vient en tirant fortement sur la peau et en le déplaçant vers le côté opposé.

Étape 5 :   Désarêter.

Étape 6 :   Couper le gras le long des filets.

Étape 4   Étape 5   Étape 6

b)   Technique de filetage d'un poisson plat :

Étape 1   Étape 2   Étape 3

Étape 1 :   La technique utilisée pour les poissons plats diffère un peu de celle des
             poissons ronds, car les poissons plats comportent quatre filets plutôt
             que deux. À l'aide de ciseaux, tailler comme dans le cas des poissons
             ronds, les deux nageoires situées de chaque côté du poisson (ébarber).

Étape 2 :   Retirer la peau des poissons avant de les fileter. Faire une petite entaille
             sur le dessus de la queue, gratter la peau à l'aide du couteau pour la
             faire décoller légèrement.

Étape 3 :   Tirer sur la peau d'un geste qui va de la queue à la tête. Répéter pour
             enlever la peau de l'autre côté du poisson.

Étape 4 :   À l'aide d'un couteau à fileter très aiguisé, faire d'abord une entaille
             tout le long de l'arête principale.

Étape 5 :   Y glisser le couteau.

Étape 6 :   En longeant les arêtes, retirer le premier filet. Répéter l'opération de
             l'autre côté. Tourner ensuite le poisson sur l'autre face et lever les
             deux autres filets.

Étape 4   Étape 5   Étape 6

Le glossaire

FINES HERBES Plante aromatique fraîche ou séchée. Voir « Herbes séchées et épices » page 21.

FILTRER Faire passer un liquide à travers un filtre, un tamis, un chinois étamine ou du coton à fromage pour en éliminer les impuretés.

FLAMBER
a) Une volaille : Passer une volaille ou un gibier à plumes au-dessus d'une flamme, après l'avoir plumé, pour en éliminer le duvet.
b) Une préparation : Arroser une préparation avec un alcool (cognac, brandy, Grand Marnier, rhum) et l'enflammer. *Exemples : steak au poivre, bisque de homard, civet de lièvre, crêpes Suzette, bananes flambées, omelette norvégienne, etc.*

FLANQUER Disposer des garnitures autour d'une pièce de même nature que celle-ci. *Exemple : rôti de bœuf flanqué de tranches de rôti de bœuf.*

FLEURER Saupoudrer légèrement de farine pour rouler, étendre ou abaisser une pâte.

FLEURON Préparation à base de pâte feuilletée, en forme de petits croissants, utilisée pour garnir les plats de poissons en sauce ou certains légumes en purée.

FOISONNER Fouetter énergiquement la crème pour augmenter son volume et alléger sa consistance en lui incorporant de l'air. *Exemples : crème fouettée ou Chantilly.*

FONCER Garnir le fond d'un récipient (moule à tarte, terrine, casserole) d'une pâte, d'une garniture aromatique de légumes ou d'une barde de lard.

FOND a) Préparation liquide utilisée pour mouiller les potages, les sauces et certains types de viandes et de poissons. De façon générale, le fond blanc sert pour les potages et les sauces blanches ; le fond brun, pour les viandes et certains légumes ; et le fumet, pour les poissons, les crustacés et les mollusques.

b) En pâtisserie : Pâte ou pâtisserie servant de base à la confection de produits finis. *Exemples : fond de génoise, de meringue, de tarte, etc.*

FONDRE Cuire doucement et à couvert, avec un peu de beurre et sans mouillement. Synonyme d'*étuver*. *Exemples : chiffonnade de laitue, julienne de poireau, dés de tomates, etc.*

FONTAINE Farine disposée en forme de couronne au centre de laquelle on verse un liquide afin de mélanger les deux ingrédients progressivement pour obtenir une pâte.

FOUET Ustensile de cuisine servant à battre les aliments, composé d'un manche et de fils plus ou moins souples en acier ou en plastique.

FOUETTER
Battre rapidement des aliments à l'aide d'un fouet, d'une fourchette ou d'un batteur électrique pour les mélanger et leur incorporer de l'air.

FOULER
Passer une préparation semi-liquide au chinois, en exerçant une forte pression.

FOURRER
Placer une farce ou une préparation à l'intérieur d'un mets. *Exemples : omelette (après cuisson), crêpes, choux à la crème, petits pains, olives, etc.*

FRAISER
Mélanger une pâte en l'écrasant avec la paume de la main.

FRAPPER
Abaisser rapidement la température d'une préparation en la plaçant dans un bain de glace (sans sel). *Exemples : melon frappé, vin, consommé, etc.*

FRÉMIR
(faire ~)
Se dit de l'eau ou d'un liquide chauffé qui s'agite légèrement, parce qu'il a été amené juste sous le point d'ébullition. Cette technique est utilisée pour pocher les œufs et les poissons.

FRICASSÉE   Préparation culinaire, sorte de ragoût saisi sans coloration, à base de volaille, de veau ou d'agneau.

FRIRE   Technique de cuisson qui consiste à immerger un aliment dans un bain d'huile chauffée à une température qui variera selon la préparation. Voir page 207.

FRITURE   Type de cuisson par saisissement avec coloration dans un bain de matière grasse (huile d'arachide ou végétale, saindoux, graisse de rognons de bœuf, graisse de canard, etc.) chauffée à 170 °C (335 °F) au maximum. Les aliments doivent être bien secs avant d'être déposés dans le liquide afin de ne pas créer d'éclaboussures.

FRITURE SANS ENROBAGE   Cuisson par friture d'aliments déposés tels quels dans la matière grasse chauffée. *Exemples : frites, beignets, œufs frits, courgettes, épinards, etc.*

FRITURE AVEC ENROBAGE   Cuisson par friture d'aliments ayant d'abord été trempés dans un enrobage (farine, panure, pâte à frire). *Exemples : petits poissons, volaille, escalope de porc ou de veau, beignets de fruits, etc.*

FUMET   a) De poisson : Préparation liquide à base de parures de poissons et de vin blanc. Utilisée pour cuire des mollusques, des crustacés ou certains poissons pochés ou braisés, et pour confectionner des sauces. Voir page 144.
b) De champignon : Liquide de cuisson des champignons, citronné, passé et réduit.
c) Arôme dégagé par une préparation culinaire.

FUMER   Transmettre le goût de fumée à des aliments par le fumage, une technique de conservation des viandes, des charcuteries et des poissons qui se fait à chaud ou à froid.

FUSIL   Outil composé d'un manche, sur lequel est fixée une tige en acier rainurée et qui permet d'affiler temporairement une lame de couteau ou de lui redonner du tranchant.

GALANTINE Préparation à base de pièces de viandes, de volailles, de poissons ou de gibiers, généralement farcie, de forme cylindrique et allongée, cuite dans un fond aromatisé ou en terrine. Elle tire son nom du fait qu'elle contient de la gélatine. Toujours servie froide, la galantine est considérée comme une charcuterie et se sert toujours en entrée.

GARNIR Remplir une cavité, une poche, un chou ou un moule avec une farce, une crème ou une garniture.

GARNITURE Ensemble des aliments qui accompagnent et complètent un plat.

GASTRIQUE Mélange de sucre et de vinaigre cuits jusqu'à caramélisation du sirop (brun clair), qui a pour but de donner un goût légèrement acide à des sauces aux fruits et au gibier (canard à l'orange).

GAUFRE Pâtisserie cuite entre deux fers et dont la surface porte des dessins en relief.

GAUFRETTE a) Petit biscuit sec, très léger et de formes variées (éventail, cigare), nature ou fourré de crémage.

b) Pomme de terre taillée à la mandoline, qui a une apparence quadrillée.

GÉLATINE Substance alimentaire à base de protéine animale ou végétale, en poudre ou en feuille, utilisée pour la confection de gelées, de galantines, de mousses, etc.

GELÉE Substance gélatineuse obtenue en mélangeant de la gélatine avec un fond ou un consommé et que l'on fait bien refroidir par la suite. Se mange froide seulement.

GIVRER	a) Un verre : Appliquer du blanc d'œuf cru ou du jus de citron sur le bord d'un verre, puis le tremper dans du sucre, du sel ou du cacao.
	b) Un fruit : Recouvrir un fruit de sucre cristallisé.
	c) Un agrume : Vider, blanchir, garnir de sorbet et congeler un agrume (citron, orange, mandarine, etc.).

| GLACE | Liquide obtenu par évaporation et réduction d'un fond blanc ou brun, ou de fumet de poisson ou de gibier, jusqu'à l'obtention d'une texture sirupeuse. Elle devient ferme en refroidissant à la température de la pièce et se conserve très bien au congélateur. |

GLACER	a) Une préparation : Placer des aliments sous la salamandre pour les faire colorer en surface (coquille de fruits de mer, œufs pochés sauce hollandaise, etc.).
	b) Un légume : Cuire certains légumes (carottes, oignons, navets...) dans du beurre et du sucre jusqu'à l'obtention d'une légère coloration.
	c) Une pâtisserie : Napper la surface de certaines pâtisseries (éclairs, choux, gâteaux, biscuits, petits fours glacés) avec du fondant.
	d) Un fruit : Enrober des fruits (dattes, mandarines, abricots farcis...) d'une fine pellicule de sucre cuit (sirop).
	e) Un poisson cru : Déposer des poissons sur de la glace pilée et les en recouvrir pour les conserver.

Le glossaire

GOMMER   Étendre de la gomme arabique liquide sur des petites pièces sortant du four ou sur des pralines.

GOUSSE   Enveloppe des légumineuses, aussi appelée cosse. Se dit également de l'enveloppe de la vanille qui renferme les graines.

GOÛTER   Identifier la saveur des aliments, en les mangeant ou en les buvant. Le sens du goût est fondamental pour reconnaître la bonne cuisine.

GRAINER   a) Le blanc d'œuf : Monter des blancs d'œufs à l'excès, jusqu'à ce qu'ils deviennent granuleux.

b) Le sucre : Faire cristalliser un sirop de sucre au point où il devient inutilisable.

GRAISSE   Gras animal ou végétal utilisé en cuisine. *Exemples : gras d'oie et de canard.*

a) Panne : Gras situé sous la couenne de porc.

b) Saindoux : Gras de porc cuit.

c) Suif : Gras de bœuf cuit.

d) Graisse hydrogénée : Huile végétale rendue solide par l'hydrogénation (*exemple : Crisco*).

GRAISSER   Enduire un ustensile de cuisson d'un corps gras (huile, beurre, etc.) pour empêcher les aliments d'y adhérer pendant la cuisson.

GRATINER   Technique de cuisson qui consiste à placer des aliments sous le gril du four ou sous la salamandre afin de les faire colorer en surface. Le fromage râpé et la chapelure sont le plus souvent utilisés. *Exemples : soupe à l'oignon gratinée, coquille de fruits de mer, cannellonis au gratin, lasagne au four, etc.* Voir page 211.

GRIL

Ustensile de cuisson sur lequel on fait griller des aliments sur une grille très chaude. Le barbecue est un gril avec couvercle.

GRILLER

Technique de cuisson qui consiste à déposer des aliments (viandes, poissons, légumes, fruits, pains, etc.) sur une grille très chaude pour les cuire à chaleur vive. Il se produit une caramélisation des sucs qui enferme les saveurs à l'intérieur des aliments. Voir page 213.

Le glossaire

HABILLER   Technique qui consiste à préparer un poisson ou une volaille avant de les cuire.

a) Un poisson : Ébarber, écailler, vider et laver.

b) Une volaille : Flamber, parer, éviscérer, brider et barder.

HACHER   Réduire des aliments en morceaux plus ou moins fins à l'aide d'un couteau de chef, d'un hachoir ou d'un robot culinaire. Voir page 190.

HACHIS   Mélange de divers ingrédients hachés, crus ou cuits, utilisés comme farce pour des croquettes, le pâté chinois, la moussaka, etc.

HÂTELET
(ou attelet)   Ustensile composé d'une broche métallique sur laquelle on enfile des aliments pour décorer une pièce de viande, de poisson ou des légumes.

HISTORIER   Fabriquer des éléments de décoration à partir d'aliments découpés à l'aide d'un couteau ou d'un canneleur, pour décorer ou garnir des plats. *Exemples : citrons en dents de loup, concombres cannelés, têtes de champignons tournées.*

HORS-D'ŒUVRE   Ensemble des mets présentés au début d'un repas. Servis en petites quantités, les hors-d'œuvre sont très variés et visent à mettre en appétit. Chauds ou froids, crus ou cuits, ils peuvent être proposés à l'apéritif.

I

IMBIBER

Mouiller certaines pâtes à l'aide d'un sirop, d'un alcool ou d'un liquide pour les rendre plus moelleuses et leur donner du goût. *Exemples: baba au rhum, pain perdu, pain doré, etc.* Synonyme de *puncher.*

INCISER

a) Un poisson : Faire des incisions peu profondes à la surface d'un poisson entier.

b) Un gigot : Faire des incisions dans un gigot pour y insérer des gousses d'ail finement tranchées. Synonyme de *piquer.*

INCORPORER

Ajouter un aliment à une préparation de manière à l'y mélanger, délicatement le plus souvent. *Exemple: blancs d'œufs en neige incorporés à un appareil à soufflé.*

INFUSER

Mettre une substance aromatique dans de l'eau bouillante pour en extraire le parfum et les huiles essentielles. *Exemples: thé, café, tisane, etc.*

JK

JALAPEÑO
(piment)

Petit piment vert provenant du Mexique. Il est préférable de l'utiliser à petite dose et de le faire revenir dans l'huile avant de le cuisiner. C'est la capsaïcine qui lui donne son goût piquant.

J K

JARDINIÈRE Mélange de légumes coupés en bâtonnets de 4 cm (1 ½ po) de longueur sur 1 cm (½ po) de largeur. Composée de carotte, de navet, de céleri, de courgette et de pomme de terre, la jardinière est souvent complétée par des petits pois, du chou-fleur, du maïs en grains, le tout cuit et couvert de beurre, puis généralement servi en garniture. Voir page 189.

JULIENNE Aliments coupés en filaments de 4 à 4,5 cm (1 ½ à 1 ¾ po) de longueur. Utilisée crue ou cuite, la julienne est servie en hors-d'œuvre (salade de carotte), en garniture de potage ou de sauce, ou en légumes d'accompagnement. Voir page 188.

JUS DE CUISSON Substance obtenue à la cuisson des viandes sous forme de sucs liquéfiés plus ou moins concentrés, que l'on dilue avec un fond approprié (jus de veau, jus de rôti de bœuf). Utilisé pour la cuisson de certains légumes braisés (céleri braisé) et pour donner du goût à des pâtes (macaronis au jus).

KETCHUP Préparation utilisée comme condiment aigre-doux, à base de tomate et à laquelle on peut ajouter divers fruits et légumes. Plus ou moins épicés, les ketchups ont un goût plutôt vinaigré.

L

LÂCHER   Se dit d'une sauce qui se sépare, qui se liquéfie. *Exemples : sauce mayonnaise, sauce hollandaise, etc.*

LAMELLES
(en ~)   Coupe en fines tranches. Voir **Émincer**.

LAMINOIR   Appareil constitué de deux cylindres, il permet d'abaisser une pâte de façon régulière et est accompagné d'un coupe-pâte avec lequel on obtient différentes formes. *Exemples : fettucinis, spaghettis, lasagnes, raviolis.*

LANIÈRE   Bande de 1 cm (¹/₂ po) de largeur découpée en longueur dans les aliments (légumes à feuilles, chou, laitue, oseille, etc.).

LARD   Graisse de porc crue.

LARDER   Insérer des morceaux de lard (lardons) à l'aide d'une aiguille à larder (lardoire). Cette opération se fait principalement sur les viandes sans gras et longues à cuire. *Exemples : bœuf braisé, gibier braisé, etc.*

LARDOIRE   Ustensile ayant la forme d'une grosse aiguille, dont le chas est remplacé par une pince dans laquelle on insère le morceau de lard.

LARDON   Petit bâtonnet découpé dans la poitrine de porc entrelardée, qui est souvent salé. On utilise les lardons comme garniture dans plusieurs plats (omelette, pommes sautées, bœuf bourguignon, etc.). On peut également faire des lardons avec du bacon.

LÈCHE   Fine tranche de pain ou de viande.

LÉGUMINEUSE   Plante ayant pour fruit une gousse (pois, pois chiches, haricots blancs et rouges, lentilles, etc.). Le fruit lui-même.

LEVAIN   Préparation à base de farine et d'eau. Fermentée pendant plusieurs heures, elle permet de faire lever les pâtes. *Exemples : blinis, pâte à pain, brioche, etc.*

Le glossaire

L

LEVER
a) Des filets : Action par laquelle on détache les filets d'un poisson de leur arête. (Pour poissons plats et poissons ronds.)

b) Des parisiennes : Former des boules de fruits ou de légumes (melon, carotte, pomme de terre, etc.) à l'aide d'une cuillère à parisienne. Voir page 191.

c) Faire ~ : Faire gonfler une pâte pour en extraire le gaz carbonique (rompre) ou pour la cuire.

LIAISON
Préparation qui consiste à donner de la texture, à épaissir ou à lier un aliment liquide (sauce, potage, farce, etc.) par l'addition de certains ingrédients (farine, fécule, jaune d'œuf, beurre, crème, sang, etc.). Voir page 146.

LIER
Technique qui consiste à utiliser certains aliments qui, à chaud ou à froid, permettent d'épaissir, de donner de la consistance ou de l'onctuosité à des mets.

LIMON
Parties sanguinolentes et visqueuses de certains aliments (poisson, viande).

LIMONER
a) Des abats : Éliminer, en faisant dégorger sous l'eau courante, les parties indésirables (nerfs, pellicules de membranes, etc.) de certains abats (cervelle, ris de veau, animelles, etc.) avant ou après leur cuisson.

b) Des poissons : Pour certains poissons, retirer le limon qui recouvre leur peau.

LISSER
Rendre une préparation homogène, en éliminer les grumeaux en la battant énergiquement ou en la fouettant pour la rendre plus lisse.

LIT
Garniture que l'on dépose au fond d'un plat ou d'une assiette pour y dresser l'aliment principal. *Exemples : lit de purée, de légumes, de champignons, etc.*

LOUCHE Grande cuillère à long manche et à cuilleron hémisphérique, avec laquelle on sert les potages et sauces, utilisée aussi pour transvaser des aliments liquides.

LUSTRER Recouvrir un aliment, à l'aide d'un pinceau, de beurre clarifié, de gelée ou d'une autre substance pour lui donner un aspect brillant. *Exemples : légumes, omelette, viande grillée ou rôtie, tarte, etc.*

LUTER Fermer hermétiquement un couvercle à l'aide d'une pâte (repère) pour le sceller et empêcher la vapeur de s'échapper durant la cuisson au four. *Exemples : daube de bœuf, tripes à la provençale, etc.*

M

MACÉDOINE

a) De légumes : Mélange de légumes coupés en petits dés (carotte, navet, céleri, pomme de terre et haricot vert) ou entiers dans le cas des petits pois, servi chaud ou froid.

b) De fruits : Mélange de fruits coupés grossièrement, macérés au sucre et à l'alcool.

c) Coupe en ~ : Tailler en bâtonnets puis en dés de $1/2$ cm ($1/4$ po) de côté. Voir page 191.

MACÉRER Faire tremper des fruits dans des liquides alcoolisés, plus ou moins sucrés, pour une période limitée, dans le but de leur donner du goût. *Exemples : cerises au marasquin, salade de fruits au Grand Marnier, amandes au kirsch, etc.*

MALAXER Mélanger, pétrir, travailler une pâte ou du beurre de façon à obtenir un mélange homogène. Se fait à la main ou avec un appareil électrique nommé mélangeur ou malaxeur.

MALAXEUR Appareil composé d'un bloc-moteur auquel on fixe différents types de fouets et qui sert à mélanger ou à battre des aliments. Synonyme de *mélangeur électrique.*

MANCHONNER Action qui consiste à dégager partiellement la chair qui recouvre l'os d'une côtelette, d'une côte, d'un pilon ou d'une aile de volaille pour améliorer la présentation après cuisson, en l'habillant d'une papillote.

MANDOLINE Ustensile servant à couper les légumes, formé d'une planche munie de lames réglables permettant de râper, de couper en julienne, en jardinière, en frites, en tranches ou en gaufrettes.

Le glossaire

MANIER Mélanger du beurre et de la farine avec les mains.

MARBRAGE Décoration faite d'un fondant de deux couleurs, obtenue à l'aide d'une lame de couteau, avant que le fondant ne durcisse.

MARBRÉE
(viande ~) Terme employé pour parler d'une viande de bœuf qui est nervurée de gras. Signe de qualité, gage d'une viande plus moelleuse, tendre et juteuse après cuisson. Synonyme de *persillée*.

MARINADE Mélange de divers ingrédients secs, humides ou liquides, dont le but est d'attendrir un aliment (dans le cas du vinaigre, du jus de citron...), de lui donner du goût (dans le cas des condiments) ou de le conserver (dans le cas de l'huile, du vinaigre, du sel).

MARINER Déposer des aliments dans une marinade pour une période plus ou moins longue, pour les attendrir, leur donner du goût ou les conserver.

MARMITE Récipient de cuisson de forme cylindrique, à fond plat, aux bords hauts, muni de poignées et d'un couvercle, utilisé pour les cuissons longues avec peu d'évaporation. *Exemples : bouillis, pot-au-feu, pâtes alimentaires, etc.*

MARQUER Démarrer la cuisson d'un plat sans le cuire complètement. Synonyme de *précuire*.

Le glossaire

MASQUER   Recouvrir uniformément une pièce de viande, un poisson ou un dessert avec une sauce, une crème ou une purée, et ce, dans le but de le cacher. Synonyme de *napper*.

MASSE   Mélange relativement épais et compact de produits divers. *Exemples : pâte d'amandes, frangipane, etc.*

MATELOTE   Préparation culinaire en sauce à base de vin rouge ou blanc et réservée aux poissons. *Exemples : matelote d'anguille, de carpe, de brochet, etc.*

MATIGNON   Mélange de carotte, d'oignon et de céleri, additionné d'aromates, étuvé dans un corps gras avec du jambon et utilisé comme mirepoix aromatique pour des braisés ou certains ragoûts.

MATURATION   Mot qui désigne la période de temps durant laquelle une viande crue (bœuf, gibier) se transforme et donne un produit plus tendre et plus savoureux. Voir **Mortifier, Faisander, Rassir**. Ce mot s'emploie également pour les fromages et d'autres aliments.

MAYONNAISE   Sauce de base froide, émulsionnée, composée d'huile et de jaune d'œuf auxquels sont ajoutés du vinaigre ou du jus de citron, de la moutarde, du sel et du poivre. Afin de permettre l'émulsion de l'huile et du jaune d'œuf, tous les ingrédients de la mayonnaise doivent de préférence être à la température de la pièce. Voir page 171.

MÉDAILLON   Pièce ronde ou ovale de 1 cm (1/2 po) d'épaisseur (bœuf, veau, volaille, foie gras, poisson, mousse, etc.), servie chaude ou froide.

MÉLANGEUR ÉLECTRIQUE   Voir **Malaxeur**.

MÉLANGER   Incorporer des ingrédients à d'autres de manière à obtenir une préparation plus ou moins homogène.

MERINGUE   Préparation culinaire à base de blancs d'œufs montés en neige et de sucre.

MERINGUER   Recouvrir une préparation avec de la meringue à l'aide d'une poche à douilles ou d'une spatule. *Exemple : tarte au citron meringuée.*

MESCLUN   Mélange de jeunes pousses de végétaux utilisées comme laitues en salade.

MEUNIÈRE
(à la ~)   Mode de cuisson appliqué aux poissons ainsi qu'à certains légumes et abats sautés au beurre et finis avec persil et jus de citron. *Exemples : sole, endives, cervelle de veau, cuisses de grenouilles, etc.*

MIGNONNETTE   a) Poivre en ~ : Poivre en grains, concassé grossièrement.

   b) Viande : Nom donné aux noisettes d'agneau, au filet mignon ou aux suprêmes de volaille lorsque préparés avec un certain raffinement.

   c) Pomme de terre : Frites minces de 1/2 cm (1/4 po) de largeur sur 5 à 6 cm (2 à 2 1/2 po).

MIJOTER   Cuire ou finir de cuire une préparation en sauce, à petit feu et généralement à couvert. Synonyme de *mitonner.*

MIREPOIX | Mélange de légumes (carotte, oignon, céleri et poireau) coupés plus ou moins finement selon le temps de cuisson requis, et utilisé comme garniture aromatique pour la confection des fonds blancs ou bruns. Voir page 189.

MIRIN (sauce) | Vin de riz sucré utilisé dans la préparation des sauces et des marinades asiatiques.

MISE EN PLACE | Action qui consiste à préparer d'avance tous les ingrédients nécessaires à la réalisation d'une recette.

MISO | Pâte fermentée faite à partir des haricots de soya. Utilisée dans la cuisine asiatique pour rehausser, elle peut remplacer le sel et le tamari. À utiliser à la fin de la cuisson pour ne pas altérer son goût. Il faut la délayer avant de l'incorporer aux sauces, aux soupes, aux fonds ou aux bouillons.

MITONNER | Voir **Mijoter**.

MONDER | Voir **Émonder**.

MONTER | Battre une préparation à l'aide d'un fouet, afin d'y incorporer de l'air ou une substance alimentaire (œufs en neige, sauce au beurre, sauce mayonnaise, etc.). Synonyme d'*émulsionner*, dans certains cas. *Exemple : sauce hollandaise.*

MORTIER | Contenant de forme arrondie, généralement en marbre ou en pierre très dure, utilisé pour recevoir des graines ou des substances afin de les réduire en purée ou en poudre à l'aide d'un pilon.

MORTIFIER Laisser vieillir, rassir, mûrir une viande ou un gibier dans un endroit réfrigéré et sec afin que les chairs s'attendrissent.

MOUILLER Ajouter un élément liquide (fond, vin, eau, etc.) à une préparation pour mieux la cuire ou simplement pour l'humidifier.

MOULE À CHARNIÈRE Moule à gâteau de métal alvéolé ou uni muni d'une charnière qui facilite le démoulage.

MOULE À GÂTEAU Moule de formes et de grandeurs variées servant à la cuisson des gâteaux.

MOULE À MUFFINS Moule rond d'une certaine profondeur et destiné à cuire au four des muffins ou des petits gâteaux en portions individuelles.

MOULE À QUICHE Moule circulaire peu profond dont le rebord est cannelé.

Moule à charnière   Moule à gâteau   Moule à muffins   Moule à quiche

MOULER Déposer des aliments dans un moule pour leur donner une forme ou pour les cuire.

MOULIN À LÉGUMES Ustensile de cuisine en métal ou en plastique, muni d'une manivelle et de grilles interchangeables de grosseurs variées, utilisé pour réduire en purée des aliments mous (potages, tomates, légumes et fruits).

Le glossaire

MOULIN À
POIVRE

Ustensile généralement de forme cylindrique destiné à contenir et à broyer du poivre en grains. Voir page 32.

MOUSSE

Préparation salée ou sucrée, crue ou cuite, servie chaude ou froide, composée d'éléments hachés, broyés ou en purée, additionnés de gélatine, de blanc d'œuf ou de crème fouettée. *Exemples : mousse de pétoncles, de foies de volaille, de légumes, mousse aux framboises, au chocolat, etc.*

MOUSSELINE

a) Pomme de terre : Purée fine de pomme de terre crémée.

b) Sauce : Sauce hollandaise additionnée de crème fouettée.

c) Tissu : Linge fin utilisé pour passer des aliments.

MOUTARDER

Action d'ajouter de la moutarde à une préparation.

N

NAGE
(à la ~)

Méthode de cuisson réservée aux mollusques et aux crustacés. Cuits dans un court-bouillon aromatisé, ils y sont servis tels quels avec la garniture aromatique.

NAPPE
(cuire à la ~)

Cuisson très lente qui se poursuit jusqu'à ce que la préparation recouvre la spatule comme une nappe recouvre une table. *Exemple : crème anglaise (82 °C / 180 °F, ne doit pas bouillir).*

NAPPER

Recouvrir uniformément une préparation avec une sauce, un coulis ou une crème, à l'aide d'une louche ou d'une cuillère. Synonyme de *masquer*.

NAVARIN	Ragoût d'agneau garni de petits légumes en jardinière et de pommes de terre.

NOISETTE	a) Fruit : Petit fruit aussi connu sous le nom d'aveline.
	b) Pomme de terre ~ : Coupe de pomme de terre levée à la cuillère (boule plus petite que la parisienne).
	c) ~ d'agneau : Coupe tranchée dans le filet ou la longe. Synonyme de *mignonnette*.
	d) Beurre ~ : Beurre cuit jusqu'à une coloration dorée.
	e) ~ de beurre : Petite portion de beurre de la grosseur d'une noisette.

NOIX	a) Fruit : Ensemble des fruits à coque tels que les noix du Brésil, de coco, de Grenoble, de cajou, de pacane, etc.
	b) Muscle : Muscle du cuisseau de veau dont on tire rôtis, escalopes ou émincés.

O

ORGANOLEPTIQUE	Relatif aux propriétés des aliments perçues par les sens. On détermine la saveur par le goût, les arômes par l'odorat, les textures par le toucher, etc.

OUVRE-BOÎTE	Ustensile coupant, servant à ouvrir les boîtes de conserves.

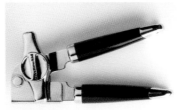

PANACHER Assembler deux compositions de même nature, mais de couleur et de goût différents.

PANADE a) Préparation : Préparation à base de farine et d'eau, utilisée pour lier des farces. *Exemple : quenelles.* La pâte à choux est souvent utilisée pour remplacer la panade.

b) Potage : Sorte de soupe à base de pain et de lait.

PANER Recouvrir de mie de pain ou de chapelure des aliments ayant été enduits d'un mélange à l'anglaise. Voir **Anglaise (à l'~)** et page 218.

PANNE Graisse de porc située sous la couenne et autour des rognons. C'est la meilleure graisse pour confectionner le saindoux.

PAPILLOTE a) Décorative : Garniture en papier frisé enfilée à l'extrémité d'un os de côtelette ou de volaille.

b) Cuire en ~ : Mode de cuisson des aliments enveloppés hermétiquement dans un papier sulfurisé ou aluminium, dans le but de conserver toute la saveur lors de la cuisson. *Exemples : papillotes de poisson, de légumes, de fruits, etc., cuites au four, sur le gril ou à la vapeur.* Voir page 203.

PARER Éliminer les nerfs, le gras, la peau, la pelure, les imperfections ou autres parties non comestibles d'un aliment.

PARFUMER Ajouter une substance à un mets dans le but de lui donner plus de goût et d'arôme. Les condiments sont à cet effet les meilleurs produits (épices, aromates, essences, etc.).

PARISIENNE Cuillère servant à lever des légumes en forme de boule plus grosse qu'une noisette. Voir page 191.

PARTIR Commencer la cuisson d'une préparation culinaire sur le feu, avant de la mettre au four. *Exemple : un braisé.* Synonyme de *marquer*.

PARURES Retailles des légumes, des viandes, des poissons et des pâtes, que l'on récupère généralement pour confectionner :

a) des fonds (nerfs, os, arêtes et nageoires, épluchures de légumes);

b) des purées (restes des légumes tournés, coupes cocotte, jardinière, etc.);

c) des pâtes (retailles de pâtes refaçonnées pour de nouvelles abaisses). Synonyme de *rognure.*

PASSER Terme général qui englobe les opérations suivantes : filtrer, écraser à travers un tamis ou une passoire, enduire un aliment d'une substance *(par exemple : à l'anglaise, mettre au four pour réchauffer, cuire dans une poêle avec du beurre, tamiser un ingrédient, utiliser un chinois ou une étamine).*

P

PASSOIRE
Ustensile de préparation de formats variés, muni d'un manche ou de deux poignées, en métal ou en plastique, de forme arrondie, hémisphérique ou conique, perforé d'une multitude de trous plus ou moins gros et utilisé pour passer les liquides ou égoutter les aliments.

PÂTON
Morceau de pâte non détaillée.

PAUPIETTE
Préparation culinaire composée d'une tranche de viande (escalope très fine), garnie de farce puis roulée et ficelée ou piquée de brochettes de bois. Généralement braisée, la paupiette peut se faire avec des feuilles de légumes (chou), du veau, du bœuf, de la volaille ou du poisson.

PAYSANNE
Mélange de légumes coupés en bâtonnets de 1 cm (½ po) de côté puis émincés, utilisé pour les potages et comme garniture pour omelettes, viandes et poissons. Voir page189.

PELER
Action qui consiste à retirer la peau ou à éplucher un légume ou un fruit.

PELER À VIF Action qui consiste à éplucher un agrume à l'aide d'un couteau en retirant l'écorce et la membrane pour laisser la chair à vif.

PERSILLADE Mélange de persil et d'ail haché généralement utilisé en fin de cuisson de certains aliments. *Exemples : pommes sautées persillade, cuisses de grenouilles à la persillade.* Additionnée de chapelure, elle garnit les tomates à la provençale.

PERSILLÉE a) Préparation à laquelle on a ajouté du persil haché.
b) Viande : Synonyme de *marbrée*.

PESTO Mélange de feuilles d'épinards, de basilic ou de persil broyées avec de l'ail, des pignons et de l'huile d'olive. Voir page 248.

PÉTRIR Malaxer une pâte avec les mains ou à l'aide d'un malaxeur pour lui donner du corps et une texture lisse et homogène.

PIED MÉLANGEUR Mélangeur électrique sur pied transportable qui sert à réduire en purée ou à mélanger.

Le glossaire

P

PILER

a) Pommes de terre : Écraser des pommes de terre cuites pour obtenir de la purée.

b) Réduire une substance en purée ou en poudre à l'aide d'un mortier et d'un pilon.

PILON

a) Du mortier : Ustensile de cuisine composé d'un manche et dont le bout arrondi et évasé sert à écraser les aliments dans un mortier.

b) À pommes de terre : Ustensile composé d'un manche et d'une plaque de métal perforée, utilisé pour écraser les pommes de terre.

c) Des volailles : Partie charnue d'une cuisse ou d'une aile de volaille située sur le tibia (pilon de cuisse) et sur l'humérus (pilon d'aile).

PINCE

Outil composé de deux parties articulées destinées à saisir des aliments pour les retirer du feu ou simplement les retourner.

PINCEAU

Ustensile constitué d'un faisceau de poils fixés au bout d'un manche, qui sert principalement à badigeonner les aliments et à graisser les plats.

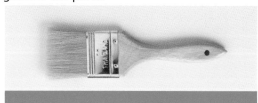

PINCÉE	Petite quantité de poudre, de graines ou de substances comestibles que l'on prend entre le pouce et l'index. Synonyme de *prise*.
PINCER	a) Des sucs : Faire colorer ou caraméliser des os, des légumes ou des sucs de viande dans un récipient afin de les récupérer pour en faire des fonds, des jus ou d'autres liquides, et ce, avant de les dégraisser et de les déglacer. b) Une abaisse : Pratiquer des cannelures avec une pince sur le bord d'une pâte (tarte fermée).
PIQUER	a) Au lard : Introduire des morceaux de lard dans une viande. Synonyme de *larder*. b) À l'ail : Introduire des lamelles d'ail dans un gigot ou une pièce de viande. c) Une abaisse : Pratiquer de petits trous dans une pâte crue avant de la cuire, pour éviter qu'elle ne gonfle.

PLAQUE	Ustensile de cuisson de forme rectangulaire et très peu profond.

PLAQUER	Disposer des aliments sur une plaque, pour les cuire, les refroidir ou les conserver.

Le glossaire

P

PLAT À GRATIN
Ustensile plat en verre, en céramique, en porcelaine ou en métal, de formes variées (ronde, carrée, ovale ou rectangulaire) et aux bords plus ou moins hauts, utilisé pour gratiner des aliments au four ou à la salamandre.

PLIER
Mélanger délicatement des ingrédients à des blancs d'œufs en neige, en pratiquant un mouvement circulaire et horizontal à l'aide d'une spatule ou d'une cuillère en bois, tout en tournant le contenant.

PLUCHES
Extrémités des tiges de persil, de cerfeuil, d'estragon ou de cresson utilisées pour garnir les potages et certains plats.

POCHE
Sac en tissu ou en plastique utilisé en cuisine et en pâtisserie, de forme conique et au bout tronqué dans lequel on insère des douilles unies ou cannelées et de formats très variés, servant à décorer, à dresser, à coucher ou à garnir.

POCHER
Cuire des aliments dans un liquide à une température juste sous le point d'ébullition. Recommandé pour la cuisson des œufs, des fruits et du poisson. Voir pages 221 et 237.

POÊLE	Ustensile de cuisson rond, de faible profondeur, à rebords évasés et muni d'une longue queue.

POÊLER	a) Classique : Technique qui consiste à cuire à l'étuvée dans un récipient couvert, à faible mouillement, des viandes de qualité d'une seule pièce. b) Actuel : Cuisson rapide dans une poêle. *Exemple : escalope de veau au beurre.*
POÊLON	Ustensile de cuisson à l'origine en terre cuite, mais aujourd'hui en fonte. Il a la forme d'une poêle et est muni d'une courte poignée.

POINT (à ~)	Degré de cuisson d'une viande entre saignant et bien cuit, qui lui conserve sa couleur rosée.
POINTAGE	C'est la pousse d'une pâte avec levure biologique, entre le pétrissage et le façonnage. La pousse après le façonnage s'appelle le temps d'apprêt.
POTAGE	Clairs, liés ou taillés, ce sont des préparations culinaires liquides, chaudes ou froides, servies en début de repas. Voir page 181.
POIVRER	Ajouter du poivre à une préparation pour en épicer le goût.

P

POUDRER Parsemer une préparation avec de la farine, du sucre, du fromage râpé, du sel ou des fines herbes.

POUSSER Faire augmenter le volume d'une pâte levée, en favorisant la fermentation produite par la levure.

PRALINER a) Enrober de sucre des amandes, des noisettes entières ou en morceaux.
b) Parfumer au pralin.

PRÉCUIRE Voir **Marquer**.

PRESSE-AIL Ustensile qui permet d'écraser les gousses d'ail.

PRESSE-CITRON Ustensile qui permet d'extraire le jus des citrons ou des oranges.

PRESSE-PURÉE Ustensile qui permet de broyer les pommes de terre soit pour faciliter la préparation de la purée, soit pour les servir « en riz ».

Le glossaire

PRISE	Voir **Pincée**.
PULPE	Partie charnue et comestible des fruits et des légumes, en un mot, leur chair.
PULVÉRISER	Réduire en poudre un ingrédient à l'aide d'un mortier, d'un robot ou autre.
PUNCHER	Voir **Imbiber**.
PURÉE	Préparation composée de légumes ou de fruits, crus ou cuits, écrasés, broyés, mélangés ou passés au presse-purée, pilés ou tamisés, de texture relativement épaisse généralement servie comme garniture. Certaines viandes se servent en purée.

QUADRILLER
a) Au gril : Déposer des aliments sur le gril pour les marquer par la coloration due à la chaleur.
b) Au couteau : Marquer des viandes qui ont été panées, à l'aide d'un couteau, avant de les cuire. *Exemple : escalope viennoise.*
c) Une tarte : Disposer, en les croisant, des bandes de pâte sur une tarte.

QUENELLE
Préparation culinaire composée de viande, de poisson ou de légumes, hachés très finement, additionnés de blancs d'œufs, de panade et de crème, façonnée en rouleaux, à la poche ou à la cuillère. Elles sont généralement pochées puis servies en sauce. *Exemples : quenelles de brochet, de veau, de volaille, de pommes de terre.*

RABATTRE   Ramener une pâte sur elle-même en la pliant.

RÂBLE   Partie du lapin ou du lièvre, située entre le bas des côtes et les cuisses, comprenant les deux longes retenues par la colonne vertébrale.

RACLER   Gratter des légumes pour en enlever les défauts sans les éplucher au complet.

RAFRAÎCHIR   a) Ajouter une préparation fraîche à une plus ancienne.
b) Mettre au frais, au réfrigérateur.

RAGOÛT   Préparation culinaire à base de viande, de volaille, de gibier, de poisson, de mollusque, de crustacé ou de légumes, colorés ou simplement bouillis, toujours en sauce, liés et servis chauds. *Exemples : bœuf bourguignon, blanquette de veau, de légumes, etc.* Pour le poisson, il est recommandé d'utiliser ceux à chair ferme (lotte, anguille, carpe, etc.).

RAFFERMIR   Placer des aliments (pâte brisée, gelée, feuilles de laitue, beurre, etc.) au réfrigérateur, dans l'eau froide ou sur la glace pour les rendre plus fermes.

RAIDIR   Commencer la cuisson d'une viande blanche (veau, volaille, porc, poisson) en la faisant cuire sans coloration pour raffermir les chairs.

RAMEQUIN   Récipient de petit format utilisé pour la cuisson au four ou au bain-marie, fait d'acier, de terre cuite, de verre ou de porcelaine, servant à la cuisson des soufflés, des œufs, des crèmes caramel et des flans.

RÂPE	Ustensile de cuisine utilisé pour couper finement des aliments (fromages, légumes).

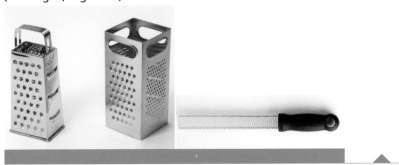

RÂPER	Réduire en petits morceaux des aliments (carotte, fromage, pomme de terre, etc.) à l'aide d'une râpe.
RASSIR	a) Du pain : Faire sécher sans laisser durcir complètement. b) Une viande : Vieillir pour attendrir. Synonyme de *mortifier*.
RAYER	Exécuter une décoration avec la pointe d'un couteau sur une pâte, après l'avoir dorée. La pellicule extérieure doit être incisée. *Exemples : pithiviers, fleuron, chausson.*

RECTIFIER	Ajouter un liquide (fond, vin, eau) à une préparation pour en réduire la consistance ou pour en augmenter la quantité.
RÉDUCTION	Concentration par évaporation d'une certaine quantité de liquide, qui provoque une diminution de volume ou un épaississement. La réduction diminue l'acidité du vinaigre, alors qu'elle augmente la concentration du sel.
RÉDUIRE	Faire évaporer partiellement un liquide en le faisant bouillir pour concentrer sa saveur et ses sucs, ou l'épaissir.

Le glossaire

RELÂCHER
a) Se dit d'une pâte, d'une crème, qui ramollit après son pétrissage, son mouillage.
b) Action par laquelle on rajoute un liquide dans une sauce, une purée ou une farce pour la rendre moins épaisse. Synonyme de *détendre*.

RELEVER
Rehausser la saveur des aliments en y ajoutant des condiments et surtout des épices (poivre, gingembre, piment, etc.).

REMONTER
Homogénéiser ou émulsionner de nouveau une sauce qui a tourné ou dont les ingrédients se sont séparés. *Exemples : sauce hollandaise, sauce mayonnaise.*

REMUER
Brasser, mélanger, fouetter une préparation culinaire en cuisson pour l'empêcher de coller au fond du récipient, de former des grumeaux ou de trop coaguler.

REPÈRE
a) Pour luter : Mélange de farine et d'eau utilisé pour luter une préparation culinaire.
b) Pour décorer : Mélange de farine et de blanc d'œuf utilisé pour coller des décorations sur le bord des plats avant de les cuire au four.

RÉSERVER
Mettre de côté des aliments, au froid ou au chaud, pour utilisation ultérieure.

REVENIR
Faire colorer plus ou moins vivement des aliments *(exemple : steak)* dans un corps gras chaud pour permettre une concentration des sucs (caramélisation). Synonyme de *saisir* et de *rissoler* dans certains cas.

RIOLER
Décorer de bandelettes de pâte. *Exemples : pont-neuf, tartelette.*

RISSOLER
Dans le cas des pommes de terre, cuire complètement au four après les avoir saisies dans un corps gras chaud. *Exemples : pommes château ou parisiennes, rissolées.* Synonyme de *revenir* et de *saisir*.

ROBOT CULINAIRE
Petit appareil électrique muni de lames interchangeables placées dans un contenant fermé dans lequel on insère les aliments à trancher, à râper, à émincer, etc.

ROGNURE   Voir **Parures**.

ROMPRE   Arrêter momentanément la fermentation d'une pâte levée en l'abaissant avec la main pour en extraire le gaz carbonique produit par la fermentation lorsqu'on l'a fait lever.

RONDEAU   Voir **Faitout**.

RÔTIR   Cuire au four ou à la broche des aliments préalablement enduits de corps gras, tels que des pièces de bœuf (rosbif), de veau (carré), d'agneau (gigot), de porc (filet), de volaille (entière), de gibier (selle de chevreuil), de poisson (lotte), etc. Voir page 227.

RÔTISSOIRE   a) Appareil de cuisson muni d'un tourne-broche et d'une source de chaleur (au gaz, électrique ou au bois).
    b) Ustensile utilisé pour rôtir les viandes.

ROUILLE   Sauce de la cuisine provençale, dont le nom évoque la couleur, due à la présence de piment rouge, parfois de safran.

R

**ROULEAU
À PÂTE**

Cylindre de bois parfois terminé par des poignées aux deux extrémités et servant à abaisser la pâte.

ROUX

Préparation culinaire à base de farine et de corps gras (beurre) cuite plus ou moins longtemps (roux blanc, blond ou brun) et utilisée pour lier, épaissir des sauces et certains potages (crèmes). Voir page 147.

RUBAN
(faire un ~)

État d'une préparation suffisamment fouettée pour que, élevée dans les airs avec le fouet, elle retombe comme un ruban se pliant sur lui-même.

S

SABAYON

Préparation sucrée ou salée composée de jaunes d'œufs additionnés d'un liquide (eau, vin blanc, liqueur, etc.), chauffés et fouettés de façon à obtenir une émulsion sous forme de mousse très légère. *Exemples : sabayon au Grand Marnier (sucré), sabayon nappé sur un poisson puis glacé (salé).*

SABLER　Frotter entre la paume des mains, ou avec un coupe-pâte, un mélange de farine et de gras jusqu'à la formation de granules fins. Essentiel à la réalisation de la pâte sablée.

SAIGNANT　Degré de cuisson d'une viande dont la température au cœur est de 45 °C (115 °F) et qui est demeurée rouge.

SAINDOUX　Gras de porc cuit provenant de la panne.

SAISIR　Déposer un aliment dans un corps gras très chaud ou dans un liquide bouillant, afin de provoquer une coagulation instantanée. *Exemples : viandes rôties, poissons frits, fondue chinoise, etc.*

SAKÉ　Boisson alcoolisée japonaise fabriquée à partir de riz fermenté.

SALAISON　Technique qui consiste à enrober des aliments de sel ou de saumure pour les conserver, les confire ou simplement leur donner du goût. *Exemples : confit de canard ou de lapin, jambon prosciutto, saumon fumé ou gravlax, etc.*

SALAMANDRE　Appareil de cuisson électrique ou à gaz servant à glacer, à gratiner ou à caraméliser certaines préparations.

Le glossaire

SALPICON
a) Aliments divers détaillés en petits dés (volailles, viandes, abats, poissons, crustacés, légumes, etc.), liés avec une sauce blanche ou brune de même nature, une vinaigrette ou une sauce mayonnaise, et utilisés pour garnir les petits hors-d'œuvre chauds (barquettes, tartelettes, bouchées, croustades, dartois, rissoles, cromesquis, croquettes, etc.).

b) Fruits frais, crus, cuits ou séchés, coupés en petits dés et macérés dans de l'alcool ou des liqueurs.

SALMIS
Sorte de ragoût de gibier à plumes dans lequel on peut retrouver du faisan, du canard, de la perdrix et de la bécasse. Généralement très corsé au goût et réduit en cuisson.

SANGLER
Déposer une substance liquide dans un contenant entouré de glace et de sel, dans le but de la faire geler. *Exemples : glace à la vanille (à base de crème anglaise) ou sorbet aux fruits (à base d'un coulis de fruit).*

SAPIDE
Se dit d'un mets qui a du goût.

SAUCER
Napper de sauce un aliment ou une préparation.

SAUMURE
Mélange d'eau et de sel en forte concentration, dans lequel on immerge des aliments pour les assaisonner, permettant ainsi de les conserver un certain temps au réfrigérateur. *Exemples : jambon, bacon, lard salé, saucisson et poisson.*

SAUPOUDRER
Voir **Poudrer**.

SAUTÉ
Préparation culinaire à base de veau, de porc, de poulet, de lapin, de gibier ou de poisson, dont les aliments sont coupés en morceaux, sautés à feu vif, mouillés et cuits selon la tendreté des chairs. Proche du ragoût. *Exemple : sauté de veau chasseur.*

SAUTÉ MINUTE
Préparation que l'on fait sauter rapidement, accompagnée d'une garniture qu'on sauce à la dernière minute, sans faire bouillir. *Exemple : émincé de veau aux champignons.*

SAUTER Cuire rapidement de petites pièces de viande, de légumes ou de poissons dans un sautoir, une sauteuse ou une poêle, dans un corps gras avec ou sans coloration. On peut aussi réchauffer des aliments en les faisant sauter (haricots verts au beurre). Voir page 232.

SAUTEUSE Récipient de cuisson peu profond, à bord évasé, muni d'une queue assez longue permettant de faire rebondir les aliments sans se brûler.

SAUTOIR Récipient de cuisson peu profond, à bord droit, muni d'une queue assez longue et d'un couvercle. Utilisé pour saisir ou colorer les aliments et cuire rapidement en favorisant l'évaporation.

SELLE Pièce de viande d'agneau ou de chevreuil composée de deux muscles reliés par la colonne vertébrale et situés entre les dernières côtes et les gigots. Équivalent du râble chez le lapin.

Le glossaire

S

SHIITAKE
(champignon)

Originaire d'Asie, il remplace les autres champignons dans les soupes, les ragoûts et les sautés asiatiques. Conserver les shiitakes au réfrigérateur, non lavés et dans un sac de papier.

SHORTENING

Graisse végétale à base d'huiles hydrogénées, de texture plus ou moins ferme, généralement utilisée pour la préparation de pâtes (brisée, à biscuits...).

SINGER

Saupoudrer de farine des aliments qu'on fait revenir dans un corps gras (viandes rissolées, mirepoix de légumes). Voir **Liaison**.

**SIROPER /
SIROTER**

Ajouter du sirop, imbiber de sirop. Employé pour abricoter, lustrer, napper.

SPATULE

a) Ustensile de cuisine composé d'un manche et d'une longue lame aplatie et large dont le bout est arrondi, utilisé pour masquer des gâteaux, retourner des aliments ou les déplacer.

b) Ustensile de cuisine composé d'un manche et d'une palette généralement en caoutchouc ou en téflon, utilisé pour mélanger des ingrédients ou les récupérer dans un bol.

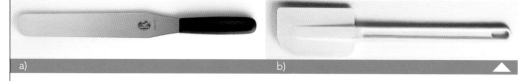

a)   b)

SUCS

Substances liquides extraites des aliments par pression avant ou après cuisson. Le rôtissage (coloration) permet la caramélisation des sucs, qui sont récupérés après les avoir pincés puis déglacés.

| SUER | Cuire des légumes dans un corps gras à feu doux sans coloration dans le but d'extraire l'eau qu'ils contiennent et de récupérer le maximum de sucs et de saveur. |

| SUPRÊME | a) Viande : Poitrine de volaille ou de gibier à plumes, sans os, cuite pochée, sautée ou rissolée, servie en sauce.
b) Poisson : Filet de poisson fin (sole ou turbot).
c) Foie gras : Tranche de foie gras cuit.
d) Agrume : Quartier d'agrume pelé à vif. |

T

| TABASCO | Petit piment rouge qui porte le nom de l'État du Mexique d'où il provient. Il a donné son nom à une sauce populaire américaine. |

| TABLER | Faire refroidir de la couverture de chocolat en la travaillant avec une spatule sur un marbre ou une table froide. |

| TAILLER | Découper. *Exemples : tailler en julienne, en brunoise, en mirepoix, etc.* |

TAMIS

Ustensile de cuisine utilisé pour retenir les impuretés de certains aliments liquides mais surtout en poudre, tels que la farine et le sucre. Les mailles, le plus souvent métalliques (pour la résistance), sont très fines. Certains tamis permettent de passer des farces et des purées.

TAMISER

Passer des aliments au tamis. *Exemple : tamiser de la farine.*

TAMPONNER

Recouvrir une sauce ou une préparation culinaire encore chaude de beurre frais qui, en fondant, forme une couche protectrice en surface empêchant ainsi la formation d'une croûte. Synonyme de *beurrer.*

TAPISSER

Voir **Chemiser.**

TASSE À MESURER

Récipient gradué servant à mesurer le volume d'aliments liquides ou solides.

TEMPURA Beignet japonais à base de poisson, de fruits de mer ou de légumes, dont la pâte est très légère. Voir mélange à tempura page 209.

TERRINE
a) Ustensile : Récipient de forme rectangulaire, ronde ou ovale, avec ou sans couvercle, en terre cuite, en porcelaine, en verre ou en métal, utilisé pour mouler et cuire des aliments (pâtés, terrines).

b) Préparation : Préparation culinaire à base de viandes hachées, de poissons, de légumes, de fruits ou autres, cuite ou dressée dans un moule du même nom et servie chaude ou froide. *Exemples : pâté de foie, terrine de saumon fumé, etc.*

THERMOMÈTRE Instrument destiné à la mesure des températures.

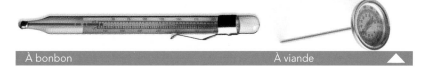

À bonbon   À viande

TIMBALE
a) Ustensile : Ustensile en métal, cylindrique, légèrement évasé, utilisé pour cuire des farces.

b) Mets : Préparation dans laquelle on peut déposer des aliments généralement en sauce. *Exemple : timbale de fruits de mer.* Synonyme de *croustade*.

TIRE-BOUCHON Instrument qui sert à retirer le bouchon d'une bouteille de vin par un mouvement de levier. Souvent muni d'un décapsuleur.

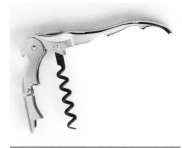

TOMATER — Ajouter des tomates ou de la purée de tomates à une préparation culinaire.

TOMBER (faire ~) — Cuire des légumes avec ou sans corps gras, dans le but de provoquer l'évaporation partielle de l'eau de végétation et de les attendrir. *Exemples : feuilles d'épinards, julienne de poireau, chiffonnade de laitues, etc.* Synonyme de *suer* dans certains cas.

TORRÉFIER — Griller des céréales ou de la farine sur une plaque ou dans une poêle dans le but de colorer des sauces ou des préparations culinaires. *Exemples : roux brun (demi-glace), ragoût de pattes de cochon.*

TOUILLER — Mélanger des ingrédients. *Exemple : laitues et vinaigrette dans une salade.*

TOURER — Donner des tours à une pâte feuilletée ou à un croissant, c'est-à-dire replier à plusieurs reprises une pâte en l'abaissant pour la rendre plus feuilletée à la cuisson.

TOURNER —
a) Un légume : Donner, à l'aide d'un couteau, une forme attrayante à un légume tout en lui assurant une cuisson uniforme. *Exemples : pommes de terre château, navets et carottes en cocottes, etc.* Voir page 191.
b) Une viande : Retourner une viande pendant sa cuisson au four dans le but d'uniformiser sa cuisson et de l'arroser.
c) Tournée : Se dit d'une sauce qui se sépare (se décompose) ou d'une préparation qui surit.

TRANCHER	Couper en tranches plus ou moins épaisses.
TRAVAILLER	Mélanger vigoureusement une préparation avec une spatule, une cuillère en bois, un batteur mélangeur ou avec les mains. Utilisé pour les pâtes en général.
TREMPER	Immerger des aliments dans un liquide (eau, lait, alcool) pour :

a) les réhydrater (haricots secs, pois, lentilles, gourganes, etc. dans de l'eau) ;

b) les humidifier (pain rassis dans du lait) ;

c) les laver (laitues, fruits, légumes, etc. dans de l'eau) ;

d) les dessaler (lard, morue salée dans de l'eau) ;

e) leur donner du goût (fruits dans un alcool, babas dans un sirop au rhum, etc.).

TRONÇON	Morceau d'un légume (céleri en branche) ou d'un filet de poisson (flétan, turbot) coupé en biais et dans le sens de la largeur.
TRONÇONNER	Couper des aliments en tronçons.
TROUSSER	Rentrer l'extrémité des pattes d'une volaille ou d'un gibier à plumes dans la peau du ventre pour les maintenir en place durant la cuisson.
TRUFFER	Donner le goût ou ajouter des truffes à une préparation culinaire. *Exemple : truffer un pâté de foie gras.*
TURBINER	Faire prendre un appareil à crème glacée dans une sorbetière. Synonyme de *sangler*.

VW

VANNER Remuer une sauce ou une crème à l'aide d'une cuillère, d'une spatule ou d'un fouet pour éviter qu'elle ne forme une croûte en refroidissant.

VELOUTÉ Sauce ou potage à base de fond de veau, de volaille ou de fumet de poisson, lié avec un roux ou un légume réduit en purée, d'aspect crémeux et additionné d'une liaison au jaune d'œuf et à la crème.

VENAISON Nom donné à la viande de gibier à poil.

VIDELER Former, avec les doigts, une sorte de rebord sur le pourtour d'une abaisse en repliant la pâte sur elle-même. *Exemples : chaussons aux pommes, tartes sans cercle, etc.*

VIDER Voir **Éviscérer.**

VIEILLISSEMENT Période de 3 à 21 jours durant laquelle une pièce de bœuf est entreposée dans des conditions spécifiques de température et d'humidité, permettant ainsi aux enzymes naturelles d'amollir graduellement le tissu conjonctif qui rend la viande dure.

VOILER Entourer une pièce d'un voile fait de sucre filé. *Exemple : voiler un ananas à la sultane.*

VOL-AU-VENT Croûte en pâte feuilletée cuite, qu'on garnit avec différentes farces ou garnitures après cuisson.

WOK Ustensile de cuisson utilisé pour les sautés asiatiques.

Z

ZESTE Partie extérieure de l'écorce des agrumes, qui est colorée et très aromatique.

ZESTER Retirer le zeste d'un agrume à l'aide d'une râpe, d'un zesteur ou d'un couteau.

ZESTEUR Couteau spécial pour prélever le zeste.

TECHNIQUES ET RECETTES

L'art culinaire s'apparente à la chimie : température, composition et techniques interviennent pour créer d'heureuses – parfois de sublimes – alliances entre les ingrédients. La section suivante regroupe pour vous des techniques et des recettes qui vous invitent à devenir chimiste devant les fourneaux.

Vous pourrez ensuite transformer les fonds de cuisson en sauces onctueuses, couper et cuire les légumes pour en extraire de nouvelles saveurs. Du même souffle, vous découvrirez les étapes d'élaboration de succulents potages, de délicates pâtisseries... Bref, les modes de cuisson et bien d'autres techniques rodées vous dévoilent ici la gastronomie pour votre bon plaisir et celui de vos proches.

Maîtriser les techniques de base de ces recettes et utilisez-les ensuite pour expérimenter avec d'autres ingrédients.

Tous les chefs sont d'accord : la maîtrise des bases est l'essence de la création de recettes nouvelles, et l'expérience alimentera l'imagination.

DANS CETTE SECTION

Techniques et recettes

Fonds, bouillons, bases et sauces

Les fonds sont des préparations liquides servant à la cuisson des aliments ainsi qu'à la préparation des sauces et des soupes. Puisqu'ils sont l'ingrédient de base des sauces, leur qualité affecte grandement celle de ces dernières. Leur réalisation consiste à laisser mijoter dans l'eau des os, des carcasses ou des arêtes ainsi que des aromates, afin d'en extraire les saveurs. Les fonds peuvent être bruns, si les os ont d'abord été rôtis, ou blancs. C'est la caramélisation des os qui cause une grande partie de la coloration du fond.

En mijotant, les os rendront leur saveur et leur gélatine naturelle. Celle-ci donnera au fond sa richesse et sa texture. Ne soyez pas surpris si votre fond est figé lorsque vous le sortirez du réfrigérateur, la présence de gélatine est un signe de qualité, principalement pour les fonds de longue cuisson comme les fonds de veau.

Composition des fonds de base

Élément principal

L'élément principal d'un fond est l'ingrédient qui lui donnera son nom, comme le veau, le canard, etc. Il s'agit en fait des sucs contenus dans les os, le cartilage et la chair des produits de boucherie, des gibiers et des volailles ou dans les arêtes des poissons.

Les éléments aromatiques et les assaisonnements

Ces éléments parfumeront et aromatiseront le fond. Il s'agit des légumes de la mirepoix, ainsi que des herbes et des épices utilisées dans les différentes préparations.

Les éléments de mouillage

Le fond est généralement mouillé avec de l'eau froide, de manière à faciliter l'échange de saveurs et la dispersion des éléments nutritifs.

Les éléments de coloration

Une variété d'éléments servent à colorer les fonds bruns :
- oignons brûlés ;
- pâte de tomates ;
- sucs caramélisés sur les plaques utilisées pour cuire les os, déglacés avec une petite quantité d'eau froide.

COMPOSITION DES FONDS DE BASE

NOM	ÉLÉMENT PRINCIPAL	ÉLÉMENTS AROMATIQUES	ÉLÉMENTS DE MOUILLAGE	ÉLÉMENTS DE COLORATION
Fond blanc de veau ou de bœuf	Os de veau ou de bœuf	Mirepoix, ail, bouquet garni	Eau	Aucun
Fond blanc de volaille ou de gibier à plumes	Carcasses de volaille ou de gibier, ou oiseau entier	Mirepoix, ail, bouquet garni	Eau	Aucun
Bouillon	Os, viande à bouillir, ou carcasses de volaille cuites	Mirepoix, ail, bouquet garni	Eau	Aucun
Fumet de poisson	Arêtes ou parties de poisson blanc	Oignon, poireau, céleri, citron, bouquet garni	Eau et vin blanc	Aucun
Fond brun	Os de veau, de gibier ou de volaille	Mirepoix, ail, pâte de tomates, bouquet garni	Eau	Sucs de viande caramélisés, pâte de tomates, oignon brûlé

Fond blanc de volaille

Rendement : 2 litres / 8 tasses

1 kg	os ou carcasses de volaille	2 lb
100 g	poireau	3 ½ oz
100 g	oignon	3 ½ oz
100 g	branches de céleri	3 ½ oz
100 g	carottes pelées	3 ½ oz
3 litres	eau froide	12 tasses
1	bouquet garni	1
5	grains de poivre	5
1	clou de girofle (facultatif)	1

- Bien dégorger et laver les os ou les carcasses de volaille à l'eau froide. Les concasser grossièrement. Réserver.

- Laver les légumes et les couper pour en faire une mirepoix. Réserver.

- Déposer les os ou les carcasses dans une marmite et mouiller à l'eau froide. Amener à ébullition et écumer.

- Ajouter, sans brasser, la mirepoix, le bouquet garni et les assaisonnements. Cuire à feu doux de 1 h 30 à 2 h, à découvert.

- Passer au chinois et réserver.

> Si vous remplacez les os par une volaille entière pour faire cette recette, vous obtiendrez un bouillon de poulet. La chair cuite de la volaille pourra servir à préparer des pâtés au poulet, des salades, des sandwichs, du riz frit, etc.

Carcasse de poulet

Mirepoix

Écumer

Bouquet garni

Fumet de poisson

Rendement : 1 litre / 4 tasses

625 g	parures et arêtes de poissons blancs (turbot, sole, plie, raie, etc.)	1 ¼ lb
100 g	blanc de poireau	3 ½ oz
100 g	oignon	3 ½ oz
100 g	branche de céleri avec feuilles	3 ½ oz
30 ml	beurre doux	2 c. à table
125 ml	vin blanc sec	½ tasse
1,5 litre	eau	6 tasses
1	bouquet garni	1
5	grains de poivre en mignonnette	5

- Dégorger dans l'eau froide les parures et les arêtes de poissons blancs, et bien les laver à plusieurs reprises. Réserver.

- Laver les légumes et les couper pour en faire une mirepoix.

- Faire fondre le beurre dans une casserole et y faire suer la mirepoix, sans coloration, de 3 à 4 minutes. Ajouter les parures et les arêtes.

- Mouiller au vin blanc et à l'eau, ajouter le bouquet garni et le poivre, puis porter à ébullition de 1 à 2 minutes.

- Écumer au début de la cuisson et, par la suite, laisser mijoter sans brasser, à feu moyen et à découvert, de 20 à 30 minutes.

- Passer au chinois et réserver.

Le fumet peut être congelé dans des bacs à glaçons et conservé ensuite dans des contenants de plastique au congélateur.

Vous pouvez lier le fumet avec un roux blanc pour obtenir un velouté de poisson (voir la méthode à la page 153).

Le fumet de poisson est indispensable à la réalisation de nombreuses sauces d'accompagnement et du liquide dans lequel on fait pocher les poissons.

Le fumet peut aussi être produit avec des crustacés (crabe, crevettes, homard, langoustes).

Fond brun de veau, non lié

Rendement : 4 litres / 16 tasses

2 kg	os de veau concassés (colonne vertébrale, vertèbres et articulations, os de la poitrine)	4 ½ lb
200 g	poireau	7 oz
200 g	oignons	7 oz
200 g	branche de céleri avec feuilles	7 oz
200 g	carottes pelées	7 oz
125 ml	pâte de tomates	½ tasse
2	tomates fraîches ou en conserve coupées en quartiers	2
5 litres	eau froide	20 tasses
1	bouquet garni	1
2	gousses d'ail hachées	2

- Déposer directement les os concassés (secs et non lavés) sur une plaque ou dans une rôtissoire, sans corps gras. Faire colorer les os au four sur la grille du bas à 200 °C (400 °F) durant 45 minutes ou jusqu'à ce qu'ils soient bien dorés.

- Laver les légumes et les tailler pour en faire une mirepoix. Réserver.

- Dégraisser la plaque ou la rôtissoire, ajouter sur les os la mirepoix, la pâte de tomates et les quartiers de tomates. Remettre au four pour continuer la coloration pendant environ 5 minutes. Retirer du four et transférer dans une marmite.

- Déglacer la plaque ou la rôtissoire avec un peu d'eau pour retirer tous les sucs, puis transférer le tout dans la marmite.

- Mouiller avec l'eau froide afin de bien couvrir le tout. Ajouter le bouquet garni et l'ail haché. Porter doucement à ébullition et écumer si nécessaire (éviter une trop forte ébullition, pour ne pas brouiller le fond). Laisser cuire à découvert de 3 à 4 heures à feu moyen.

- Passer le fond au chinois et réserver.

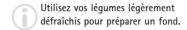

ⓘ Utilisez vos légumes légèrement défraîchis pour préparer un fond.

Lorsque le fond aura refroidi, le gras sera figé à la surface et vous pourrez facilement le dégraisser.

Si nécessaire, mouillez de nouveau avec de l'eau chaude pendant la cuisson pour obtenir 4 litres (16 tasses).

Pour préparer un fond brun lié, consultez la recette de demi-glace à la page 157.

Faire colorer

Transférer dans une marmite

Déglacer

Retirer les sucs

Mouiller

Passer au chinois

La liaison

Pour faire des sauces, il faut souvent épaissir les liquides de base comme les fonds, les fumets ou le lait. Le tableau suivant décrit les diverses méthodes qui servent à lier ou à épaissir ces liquides. Par exemple, pour la demi-glace, les veloutés et la béchamel, l'élément de liaison le plus courant est le roux. Ce mélange de farine et de gras épaissira le liquide tout en le rendant opaque. D'autres méthodes de liaison auront des effets différents.

DIFFÉRENTS MODES DE LIAISON

Farine
Roux blanc = beurre et farine cuits sans coloration

Roux brun = beurre et farine cuits jusqu'à coloration

Beurre manié = beurre et farine mélangés à cru

Blanc de liaison = farine et eau

Fécule
De maïs = diluée à l'eau froide
De pommes de terre = diluée à l'eau froide

Riz
Ajouté aux potages qui seront passés

Crème
Réduction dans les sauces et potages

Beurre
Monter une sauce au beurre à la fin de la cuisson

Jaunes d'œufs
Addition des jaunes au début de la coagulation dans des liquides ou dans des masses = potages, sauces, farces, etc.

Corail des crustacés
Pâtes, veau

Purées de fruits ou de légumes
Pour des sauces principalement

Sang
Pour le civet de lièvre

Roux blanc

(Pour sauces blanches) Rendement : 1 litre / 4 tasses de liquide à lier

60 g	beurre	2 oz
60 g	farine tout usage	2 oz

- Faire fondre le beurre dans une casserole.

- Ajouter la farine et mélanger avec une spatule ou une cuillère de bois. Cuire à découvert, à feu doux, durant 5 minutes.

- Refroidir* et réserver.

Roux brun

(Pour sauces brunes) Rendement : 1 litre / 4 tasses de liquide à lier

60 g	beurre	2 oz
60 g	farine tout usage	2 oz

- Faire fondre le beurre dans une casserole.

- Ajouter la farine et mélanger avec une spatule ou une cuillère de bois. Cuire à découvert, à feu moyen, de 15 à 20 minutes, en mélangeant lentement jusqu'à l'obtention d'une couleur brun noisette.

- Refroidir* et réserver.

*Les roux sont refroidis avant leur utilisation pour éviter la formation de grumeaux dans les préparations auxquelles ils sont ajoutés.

Enfariner   Roux brun

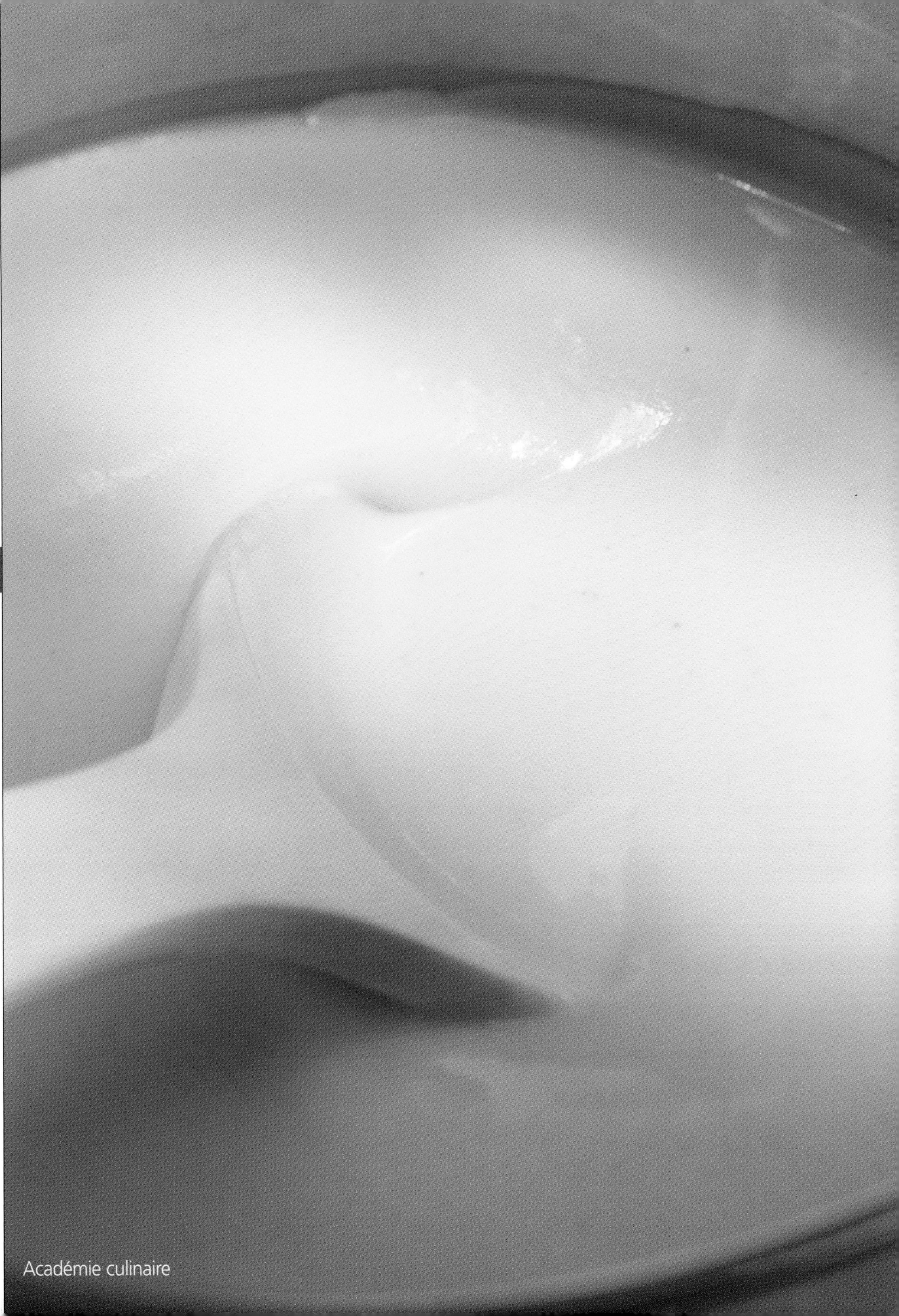

Les sauces

Toutes les sauces sont dérivées de ce que nous appelons les «sauces mères», les fonds et les fumets. Par exemple, les fonds brun et blanc donneront, une fois liés, de la demi-glace et des veloutés. Cette demi-glace et ces veloutés pourront à leur tour être transformés en multiples sauces. En plus de ces sauces produites à partir de fonds, il en existe plusieurs qui auront comme base différents éléments comme la tomate, le lait, les huiles ou le beurre, dont certaines sont des classiques.

Voici donc la liste des sauces mères : demi-glace (fond brun), velouté (fond blanc), béchamel (lait), sauce tomate (tomates), mayonnaise (huile et vinaigre), hollandaise (beurre et jus de citron), coulis (pulpe de légumes ou de fruits). Plusieurs sont à la base des plats cuisinés.

Velouté de volaille

Rendement : 1 litre / 4 tasses

1 litre	fond blanc de volaille (voir page 143)	4 tasses
125 ml	roux blanc refroidi (voir page 147)	1/2 tasse

- Faire chauffer le fond blanc de volaille dans une casserole.

- Ajouter graduellement le roux blanc en remuant avec le fouet. Brasser jusqu'à ébullition et cuire à feu doux 15 minutes.

- Passer au chinois et réserver.

Sauce rosée pour volaille, poisson blanc ou pâtes

60 ml	vin blanc	1/4 tasse
1	échalote ciselée	1
250 ml	sauce tomate (voir page 165)	1 tasse
250 ml	velouté de volaille (voir page 149)	1 tasse
	sel et poivre	

- Dans une casserole, réduire de moitié le vin blanc avec l'échalote ciselée.

- Ajouter la sauce tomate et le velouté de volaille, puis réduire jusqu'à consistance de nappe. Assaisonner.

Sauce à l'orange pour volaille, poisson poché ou gibier à plumes

75 ml	vin blanc	5 c. à table
75 ml	jus d'orange	5 c. à table
1	échalote ciselée	1
250 ml	velouté de volaille (voir page 149)	1 tasse
60 ml	beurre froid coupé en petits dés	4 c. à table
15 ml	zeste d'orange (facultatif)	1 c. à table
	sel et poivre	

- Dans une casserole, réduire de moitié le vin blanc, le jus d'orange et l'échalote ciselée.

- Ajouter le velouté de volaille, puis monter le beurre froid dans la sauce en pleine ébullition.

- Assaisonner. Terminer la sauce en ajoutant le zeste d'orange, si désiré.

Sauce crémeuse aux champignons pour pâtes ou volaille

125 ml	champignons au choix, émincés	1/2 tasse
15 ml	beurre	1 c. à table
100 ml	vin blanc	2/5 tasse
250 ml	velouté de volaille (voir page 149)	1 tasse
60 ml	crème 35 %	1/4 tasse
	sel et poivre	

- Dans une casserole, sauter au beurre les champignons émincés.

- Lorsque les champignons commencent à colorer, déglacer avec le vin blanc, puis réduire de moitié.

- Ajouter le velouté de volaille, réduire à consistance de nappe, puis crémer et assaisonner.

Sauce japonaise pour porc grillé

75 ml	vin de riz (saké)	5 c. à table
1	échalote ciselée	1
75 ml	yogourt nature	5 c. à table
60 ml	sauce soya	1/4 tasse
250 ml	velouté de volaille (voir page 149)	1 tasse
	sel et poivre	

- Dans une casserole, réduire de moitié le vin de riz avec l'échalote ciselée.

- Ajouter le yogourt nature, la sauce soya et le velouté de volaille. Assaisonner.

Techniques et recettes

Sauce dijonnaise pour porc ou veau

100 ml	vin blanc	2/5 tasse
1	échalote ciselée	1
5 ml	poivre vert	1 c. à thé
250 ml	velouté de volaille (voir page 149)	1 tasse
15 ml	moutarde de Dijon	1 c. à table
60 ml	crème 35 % (facultatif)	1/4 tasse
	sel et poivre	

- Dans une casserole, réduire de moitié le vin blanc avec l'échalote ciselée et le poivre vert.

- Ajouter le velouté de volaille et réduire à consistance de nappe.

- Hors du feu, incorporer la moutarde de Dijon. Crémer, si désiré, puis assaisonner.

Sauce aux fines herbes pour volaille

100 ml	vin blanc	2/5 tasse
1	échalote ciselée	1
250 ml	velouté de volaille (voir page 149)	1 tasse
15 ml	fines herbes au choix, hachées finement	1 c. à table
	sel et poivre	

- Dans une casserole, réduire de moitié le vin blanc et l'échalote ciselée.

- Ajouter le velouté de volaille et les fines herbes (exemples : estragon, aneth et ciboulette ; basilic, origan et thym ; ciboulette, coriandre et basilic). Assaisonner.

Sauce au bleu pour escargots ou champignons sautés

100 ml	vin blanc	2/5 tasse
1	échalote ciselée	1
250 ml	velouté de volaille (voir page 149)	1 tasse
125 ml	crème 35 %	1/2 tasse
75 g	fromage bleu au choix	2 1/2 oz
	sel et poivre	

- Dans une casserole, réduire le vin blanc avec l'échalote ciselée.

- Ajouter le velouté de volaille et la crème. Laisser réduire à consistance de nappe.

- Ajouter le fromage bleu de votre choix (plus le fromage sera fort, plus la sauce sera relevée) et laisser fondre tout en brassant. Assaisonner.

Sauce au citron pour escalope de veau

100 ml	vin blanc	2/5 tasse
75 ml	jus de citron	5 c. à table
1	échalote ciselée	1
250 ml	velouté de volaille (voir page 149)	1 tasse
	sel et poivre	

- Dans une casserole, réduire des trois quarts le vin blanc, le jus de citron et l'échalote ciselée.

- Ajouter le velouté de volaille.

- Assaisonner.

Techniques et recettes

Académie culinaire

Velouté de poisson

Rendement : 1 litre / 4 tasses

1 litre	fumet de poisson chaud (voir page 144)	4 tasses
125 ml	roux blanc (voir page 147)	1/2 tasse

- Faire chauffer le fumet de poisson dans une casserole.

- Ajouter graduellement le roux blanc en remuant avec le fouet.

- Brasser jusqu'à ébullition et cuire à feu doux 15 minutes.

Sauce Bercy pour poisson, coquilles de fruits de mer ou moules

125 ml	vin blanc	1/2 tasse
2	échalotes ciselées	2
250 ml	velouté de poisson (voir page 153)	1 tasse
30 ml	crème 35 %	2 c. à table
	sel et poivre	

- Dans une casserole, réduire de moitié le vin blanc avec les échalotes.

- Mouiller avec le velouté de poisson, cuire 2 minutes à feu doux, puis crémer. Assaisonner.

Sauce bretonne pour poisson poché ou pétoncles grillés

125 ml	poireau, céleri et champignons coupés en julienne	1/2 tasse
15 ml	beurre	1 c. à table
250 ml	velouté de poisson (voir page 153)	1 tasse
30 ml	crème 35 %	2 c. à table
	sel et poivre	

- Dans une casserole, faire suer la julienne de légumes au beurre pendant 1 ou 2 minutes.

- Mouiller avec le velouté de poisson, puis crémer. Assaisonner.

Sauce à la noix de coco, au basilic et au citron pour crevettes ou langoustes grillées

1	échalote ciselée	1
15 ml	beurre	1 c. à table
30 ml	vin blanc	2 c. à table
30 ml	basilic frais, haché finement	2 c. à table
125 ml	lait de noix de coco	1/2 tasse
250 ml	velouté de poisson (voir page 153)	1 tasse
15 ml	zeste de citron	1 c. à table
	sel et poivre	

- Dans une casserole, faire suer l'échalote au beurre jusqu'à ce qu'elle devienne translucide.

- Ajouter le vin blanc et le basilic haché, puis réduire de moitié.

- Ajouter le lait de noix de coco, le velouté de poisson et le zeste de citron, puis réduire jusqu'à consistance de nappe. Assaisonner.

Sauce à l'oseille pour saumon poché

100 ml	vin blanc	2/5 tasse
1	échalote ciselée	1
30 ml	oseille fraîche taillée en chiffonnade	2 c. à table
30 ml	jus de citron	2 c. à table
250 ml	velouté de poisson (voir page 153)	1 tasse
30 ml	crème 35 %	2 c. à table
	sel et poivre	

- Dans une casserole, réduire des trois quarts le vin blanc avec l'échalote et l'oseille.

- Ajouter le jus de citron et le velouté de poisson.

- Crémer et poursuivre la cuisson jusqu'à consistance de nappe. Assaisonner.

Sauce à la sauge et aux champignons pour poisson grillé

250 ml	champignons au choix, émincés	1 tasse
1	gousse d'ail hachée finement	1
15 ml	beurre	1 c. à table
30 ml	sauge fraîche, hachée finement	2 c. à table
100 ml	vin blanc	2/5 tasse
250 ml	velouté de poisson (voir page 153)	1 tasse
30 ml	crème 35 %	2 c. à table
	sel et poivre	

- Dans une casserole, sauter les champignons et l'ail au beurre 4 à 5 minutes.

- Ajouter la sauge et le vin blanc, puis réduire de moitié.

- Mouiller avec le velouté, crémer et réduire jusqu'à consistance de nappe. Assaisonner.

Sauce au poivre vert pour poisson grillé ou crevettes sautées

100 ml	vin blanc	2/5 tasse
1	échalote ciselée	1
15 ml	grains de poivre vert entiers	1 c. à table
250 ml	velouté de poisson (voir page 153)	1 tasse
	sel et poivre	

- Dans une casserole, réduire des deux tiers le vin blanc avec l'échalote ciselée et les grains de poivre.

- Ajouter le velouté de poisson et réduire à consistance de nappe. Assaisonner.

Techniques et recettes

Sauce demi-glace

Rendement : 625 ml / 2 ¹/₂ tasses

15 ml	huile végétale ou beurre	1 c. à table
45 ml	carottes pelées émincées	3 c. à table
45 ml	oignon émincé	3 c. à table
45 ml	céleri émincé	3 c. à table
60 g	champignons émincés	2 oz
1 litre	fond brun de veau, non lié, chaud (voir page 145)	4 tasses
60 ml	roux brun (voir page 147)	¹/₄ tasse
20 ml	pâte de tomates	4 c. à thé
1	bouquet garni	1

- Dans une casserole, chauffer l'huile ou le beurre. Ajouter les carottes, l'oignon, le céleri et les champignons. Bien colorer.

- Mouiller avec le fond brun.

- Ajouter le roux brun et bien mélanger.

- Ajouter le bouquet garni et la pâte de tomates.

- Réduire le feu au minimum et cuire à découvert pendant 1 heure.

- Passer à l'étamine. Réserver.

Le fond brun lié peut remplacer la demi-glace. Il suffit de le faire réduire de moitié et de le lier au beurre manié. Toutefois, cette sauce sera légèrement moins savoureuse que la demi-glace. Vous pouvez réaliser toutes les sauces classiques avec la demi-glace. Une touche de madère donne un excellent goût à cette préparation.

Ajouter le roux

Passer à l'étamine

Techniques et recettes

Sauce type chasseur pour poulet grillé

100 ml	champignons émincés	2/5 tasse
1	échalote ciselée	1
15 ml	beurre	1 c. à table
100 ml	vin rouge	2/5 tasse
1	tomate épépinée et concassée	1
250 ml	demi-glace (voir page 157)	1 tasse
5 ml	estragon frais, haché	1 c. à thé
	sel et poivre	

- Dans une casserole, faire suer les champignons et l'échalote au beurre.

- Déglacer avec le vin rouge. Ajouter la tomate et réduire de moitié.

- Ajouter la demi-glace, puis réduire jusqu'à consistance de nappe. Ajouter l'estragon et assaisonner.

Sauce aux champignons

15 ml	beurre	1 c. à table
1	échalote ciselée	1
125 ml	champignons émincés	1/2 tasse
100 ml	vin rouge	2/5 tasse
250 ml	demi-glace (voir page 157)	1 tasse
75 ml	crème 35 %	5 c. à table
	sel et poivre	

- Dans une casserole, faire suer au beurre l'échalote et les champignons.

- Déglacer avec le vin rouge et réduire de moitié.

- Ajouter la demi-glace et réduire jusqu'à consistance de nappe. Crémer et assaisonner.

Sauce à l'érable et à la menthe pour l'agneau

75 ml	vin blanc	5 c. à table
100 ml	sirop d'érable	2/5 tasse
1	échalote ciselée	1
30 ml	menthe fraîche, hachée finement	2 c. à table
250 ml	demi-glace (voir page 157)	1 tasse
50 ml	crème 35 %	1/5 tasse
	sel et poivre	

- Dans une casserole, faire réduire des deux tiers le vin blanc avec le sirop d'érable.

- Ajouter l'échalote, la menthe et la demi-glace.

- Crémer, puis réduire jusqu'à consistance de nappe. Assaisonner.

Sauce au porto pour filet mignon grillé

250 ml	porto	1 tasse
1	petit oignon rouge ciselé	1
250 ml	demi-glace (voir page 157)	1 tasse
	sel et poivre	

- Dans une casserole, faire réduire des deux tiers le porto avec l'oignon rouge ciselé.

- Ajouter la demi-glace, puis réduire jusqu'à consistance de nappe. Assaisonner.

Sauce au fromage bleu pour gibier

125 ml	champignons émincés	1/2 tasse
15 ml	beurre	1 c. à table
60 ml	fromage bleu au choix, émietté	1/4 tasse
125 ml	porto	1/2 tasse
250 ml	demi-glace (voir page 157)	1 tasse
30 ml	crème 35 %	2 c. à table
	sel et poivre	

- Dans une casserole, faire suer au beurre les champignons émincés.

- Ajouter le fromage bleu et le faire fondre. Déglacer avec le porto, puis laisser réduire de moitié.

- Mouiller avec la demi-glace et crémer. Assaisonner.

Sauce aux trois poivres pour steaks grillés

30 ml	échalotes sèches ciselées	2 c. à table
30 ml	beurre	2 c. à table
2 ml	thym frais, haché	1/2 c. à thé
30 à 45 ml	poivre noir, rose et vert en mignonnette	2 à 3 c. à table
30 ml	brandy	2 c. à table
125 ml	vin rouge	1/2 tasse
500 ml	demi-glace (voir page 157)	2 tasses
125 ml	crème 35 %	1/2 tasse
30 ml	moutarde de Dijon	2 c. à table
	sel	

- Dans une casserole, faire suer les échalotes dans le beurre. Ajouter le thym et le poivre.

- Ajouter le brandy et faire flamber. Ajouter le vin, laisser réduire* de moitié. Ajouter la demi-glace et laisser réduire de moitié de nouveau.

- Ajouter la crème et laisser réduire de moitié encore une fois. Assaisonner.

- Ajouter la moutarde hors du feu. Servir aussitôt ou réserver jusqu'à utilisation.

* La réduction se fait toujours à découvert.

Vous pouvez faire cette sauce directement dans la sauteuse après avoir cuit votre viande.

Cette sauce accompagne très bien toutes les viandes rouges ou blanches, sautées, grillées ou rôties.

Sauce béchamel

Rendement : 1 litre / 4 tasses

1 litre	lait	4 tasses
125 ml	roux blanc refroidi (voir page147)	½ tasse
	sel et poivre blanc	
2 ml	muscade moulue	½ c. à thé
½	oignon	½
2	clous de girofle	2

- Chauffer le lait dans une casserole et incorporer le roux progressivement, en remuant avec le fouet.

- Assaisonner de sel, de poivre blanc et de muscade. Piquer l'oignon de clou de girofle et l'ajouter dans la casserole.

- Cuire à feu doux ou au four à 160 °C (325 °F) de 15 à 20 minutes.

- Passer au chinois et rectifier l'assaisonnement, si nécessaire. Réserver jusqu'à utilisation ultérieure.

ⓘ Pour éviter que ne se forme une croûte à la surface de la sauce terminée, beurrez légèrement la surface ou couvrez le contenant d'une pellicule plastique.

Piquer l'oignon

Sauce Mornay pour gratins de pâtes ou de légumes et crêpes farcies

250 ml	béchamel (voir page 161)	1 tasse
150 ml	fromage râpé (emmental, gruyère, parmesan)	3/5 tasse
1	jaune d'œuf	1
15 ml	crème 35 %	1 c. à table
	sel et poivre	

- Dans une casserole, faire chauffer la sauce béchamel, ajouter le fromage râpé et bien mélanger pour faire fondre le fromage.

- Mélanger le jaune d'œuf et la crème dans un contenant, puis verser le tout dans la sauce en brassant. Assaisonner.

Sauce Alfredo pour pâtes

30 ml	huile d'olive	2 c. à table
30 ml	oignons verts émincés	2 c. à table
75 ml	crème 35 %	5 c. à table
250 ml	béchamel (voir page 161)	1 tasse
125 ml	parmesan râpé	1/2 tasse
	sel et poivre	

- Dans une casserole, faire chauffer l'huile légèrement et y suer les oignons verts.

- Ajouter la crème et la béchamel. Laisser mijoter quelques minutes, ajouter le parmesan. Assaisonner.

Sauce andalouse pour viande blanche grillée

75 ml	vin blanc	5 c. à table
60 ml	poivrons vert et rouge, coupés en brunoise	1/4 tasse
5 ml	flocons de chili	1 c. à thé
30 ml	pâte de tomates	2 c. à table
250 ml	béchamel (voir page 161)	1 tasse
	sel et poivre	

- Dans une casserole, réduire de moitié le vin blanc avec la brunoise de poivrons et les flocons de chili.

- Ajouter la pâte de tomates et la béchamel et bien mélanger. Assaisonner.

Sauce florentine

15 ml	huile d'olive	1 c. à table
1	paquet d'épinards frais coupés en chiffonnade	1
2	oignons verts émincés	2
100 ml	vin blanc	$2/5$ tasse
250 ml	béchamel (voir page 161)	1 tasse

- Dans une casserole, chauffer l'huile et y faire tomber la chiffonnade d'épinards.

- Ajouter les oignons verts et le vin blanc, puis réduire de moitié. Ajouter la béchamel. Assaisonner.

Sauce à l'estragon pour focaccias

250 ml	béchamel (voir page 161)	1 tasse
30 ml	estragon frais, haché finement	2 c. à table
30 ml	crème 35 %	2 c. à table
	sel et poivre	

- Dans une casserole, faire chauffer la béchamel.

- Ajouter l'estragon et la crème, bien mélanger. Assaisonner.

Sauce Aurore pour pâtes

250 ml	béchamel (voir page 161)	1 tasse
100 ml	sauce tomate (voir page 165)	$2/5$ tasse
5 ml	sauce de piments forts (tabasco)	1 c. à thé
	sel et poivre	

- Dans une casserole, faire chauffer la béchamel.

- Ajouter la sauce tomate et la sauce de piments forts, bien mélanger. Assaisonner.

Techniques et recettes

Sauce tomate

Rendement : 2 litres / 8 tasses

2 kg	tomates italiennes	4 ½ lb
45 ml	huile d'olive	3 c. à table
2	oignons moyens ciselés	2
5	feuilles de basilic hachées	5
90 g	lard entrelardé (dessalé)	3 oz
	sel et poivre	

- Émonder les tomates italiennes (voir page 80), les dérober, les épépiner et les tailler en petits dés. Réserver.

- Chauffer l'huile dans une casserole et y faire suer les oignons, sans coloration. Ajouter les tomates, le basilic et le lard entier. Laisser réduire à feu moyen, à découvert, jusqu'à l'obtention d'une consistance homogène. Saler et poivrer.

- Retirer le lard et le réserver pour un usage ultérieur.

- Pour obtenir une sauce plus lisse, passer la sauce tomate au moulin à légumes et ensuite au chinois. Bien fouler avec une cuillère pour récupérer une sauce riche, épaisse et sans pépin.

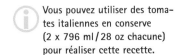

Vous pouvez utiliser des tomates italiennes en conserve (2 x 796 ml / 28 oz chacune) pour réaliser cette recette.

Pour dessaler le lard, placer celui-ci dans une petite casserole remplie d'eau froide, porter à ébullition, puis égoutter.

Moulin à légumes

Sauce Puttanesca pour pâtes

30 ml	huile d'olive	2 c. à table
1/2	oignon moyen ciselé	1/2
5 ml	flocons de chili	1 c. à thé
2	gousses d'ail hachées finement	2
2-3	filets d'anchois rincés et hachés	2-3
375 ml	sauce tomate (voir page 165)	1 1/2 tasse
5 ml	origan frais, haché	1 c. à thé
15 ml	câpres entières	1 c. à table
12	olives noires dénoyautées et hachées	12
	sel et poivre	
30 ml	persil frais, haché	2 c. à table

- Dans une casserole, faire chauffer l'huile et y faire suer l'oignon, les flocons de chili et l'ail. Ajouter les filets d'anchois et bien mélanger.

- Ajouter la sauce tomate ainsi que l'origan. Laisser cuire une dizaine de minutes, puis ajouter les câpres et les olives noires.

- Assaisonner, persiller et servir.

Sauce à pizza

15 ml	huile d'olive	1 c. à table
1	oignon espagnol (moyen) ciselé	1
3	gousses d'ail hachées finement	3
30 ml	origan frais, haché	2 c. à table
30 ml	basilic frais, haché	2 c. à table
5 ml	thym frais, haché	1 c. à thé
2	feuilles de laurier	2
45 ml	vin rouge	3 c. à table
250 ml	sauce tomate (voir page 165)	1 tasse
	sel et poivre	

- Dans une casserole, faire chauffer l'huile et y faire colorer l'oignon à feu doux. Ajouter l'ail et les fines herbes.

- Mouiller avec le vin rouge et réduire de moitié.

- Ajouter la sauce tomate et assaisonner au goût. Réfrigérer jusqu'à utilisation.

Sauce tomate basilic

250 ml	sauce tomate (voir page 165)	1 tasse
125 ml	pesto (voir page 248)	1/2 tasse
	sel et poivre	

- Mélanger la sauce et le pesto, puis assaisonner.

Sauce al'Arrabiata

30 ml	huile d'olive	2 c. à table
1/2	oignon moyen ciselé	1/2
1	petit piment fort séché, brisé en morceaux	1
50 ml	vin blanc	1/5 tasse
250 ml	sauce tomate (voir page 165)	1 tasse
	sel et poivre	
	persil frais, haché (pour garnir)	

- Dans une casserole, chauffer l'huile d'olive et y faire suer l'oignon. Ajouter les piments forts et déglacer avec le vin blanc. Réduire de moitié.

- Mouiller avec la sauce tomate et laisser mijoter à feu doux quelques minutes.

- Assaisonner. Persiller et servir.

Sauce Gigi

30 ml	huile d'olive	2 c. à table
250 ml	champignons émincés	1 tasse
125 ml	jambon capicollo semi-fort, coupé en julienne	1/2 tasse
45 ml	basilic frais, haché	3 c. à table
500 ml	sauce tomate (voir page 165)	2 tasses
125 ml	crème 35 %	1/2 tasse
	sel et poivre	

- Dans une sauteuse, faire chauffer l'huile et y faire suer les champignons. Ajouter le jambon et le basilic, puis poursuivre la cuisson quelques minutes.

- Ajouter la sauce tomate et laisser mijoter environ 15 minutes ou jusqu'à ce que la sauce ait réduit du tiers.

- Ajouter la crème et réduire jusqu'à consistance de nappe. Assaisonner.

Sauce pour calmars frits

15 ml	huile d'olive	1 c. à table
1	échalote ciselée	1
2	gousses d'ail hachées finement	2
100 ml	vin rouge	2/5 tasse
250 ml	sauce tomate (voir page 165)	1 tasse
5 ml	sauce de piments forts (tabasco)	1 c. à thé
	sel et poivre	

- Dans une casserole, faire chauffer l'huile et y faire suer l'échalote à feu doux. Ajouter l'ail.

- Mouiller avec le vin rouge et réduire des trois quarts. Ajouter la sauce tomate, la sauce de piments forts, puis assaisonner. Réfrigérer jusqu'à utilisation.

Techniques et recettes

Les émulsions

Pour émulsifier, on a besoin d'un corps gras liquide et d'un émulsifiant (le plus courant est l'œuf). Il existe deux types d'émulsion : la froide et la chaude.

La mayonnaise est une émulsion froide, la moutarde et le jaune d'œuf qui la composent jouent le rôle d'émulsifiant. En ajoutant de l'huile et en mélangeant énergiquement, on obtient des mousses ou des sauces assez fermes. Un troisième élément est généralement requis : un acide citrique (jus de lime ou de citron) ou un vinaigre.

Le beurre et la crème Chantilly sont aussi des émulsions froides. Les dérivés sont multiples ; par exemple, pour les sauces à salade, on compte autant de vinaigrettes qu'il y a d'huiles et de vinaigres aromatisés aux fines herbes ou à tout autre condiment. Quant à la classique sauce hollandaise, il s'agit d'une émulsion chaude.

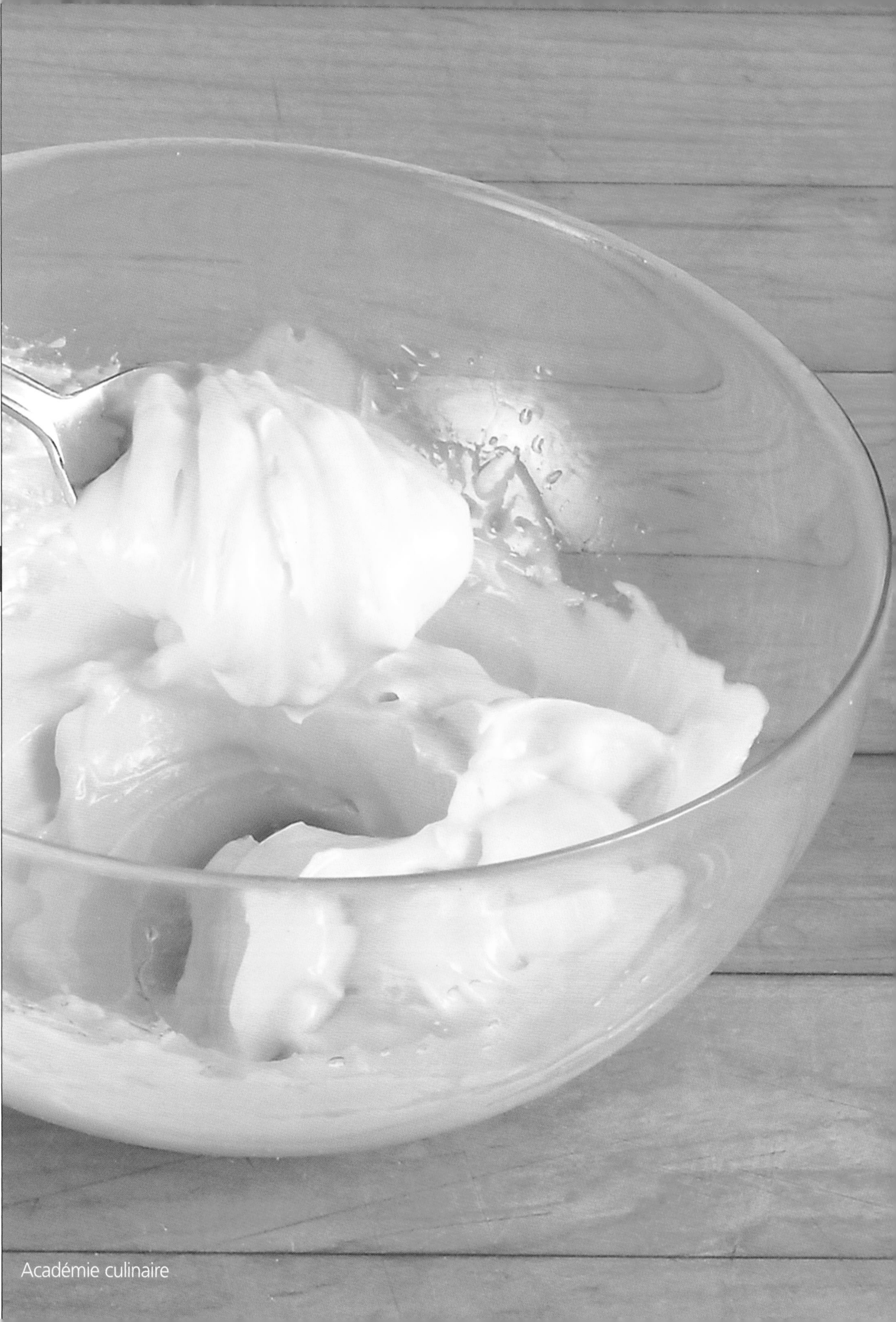

Sauces émulsionnées froides

Mayonnaise
Rendement : 250 ml / 1 tasse

1	jaune d'œuf	1
15 ml	moutarde de Dijon	1 c. à table
15 ml	vinaigre blanc	1 c. à table
250 ml	huile	1 tasse
15 ml	jus de citron ou vinaigre	1 c. à table
1 pincée	poivre de Cayenne ou quelques gouttes de sauce de piments forts	1 pincée
	sel et poivre	

- Dans un bol, mélanger à l'aide du fouet le jaune d'œuf, la moutarde, le vinaigre, le sel et le poivre.

- Incorporer l'huile lentement en un mince filet, en battant avec le fouet sans arrêt.

- Allonger la mayonnaise avec un peu de jus de citron ou du vinaigre, puis rectifier l'assaisonnement en terminant avec le poivre de Cayenne. Si la mayonnaise est trop épaisse, ajouter un peu d'eau froide.

 Conservez toujours la mayonnaise au froid et utilisez-la dans les 72 heures.

Vous pouvez utiliser différents types d'huile : canola, tournesol ou arachide.

Mélanger

Incorporer l'huile

Allonger

Mayonnaise

Sauce andalouse pour volaille ou crevettes grillées

250 ml	mayonnaise (voir page 171)	1 tasse
45 ml	purée de tomates	3 c. à table
45 ml	poivron rouge en brunoise (voir page 188)	3 c. à table
5 ml	sauce au piment au choix	1 c. à thé

- Mélanger tous les ingrédients et réserver au froid.

Sauce verdurette pour poisson ou crustacés

250 ml	mayonnaise (voir page 171)	1 tasse
60 ml	persil frais, haché	1/4 tasse
60 ml	fines herbes au choix, hachées	1/4 tasse
	sel et poivre	

- Mélanger tous les ingrédients et réserver au froid.

Sauce aïoli pour viandes froides, légumes, fondue ou poisson

4	gousses d'ail entières	4
250 ml	mayonnaise (voir page 171)	1 tasse
15 ml	jus de citron	1 c. à table
	sel et poivre	

- Broyer les gousses d'ail dans un mortier ou les hacher finement.

- Ajouter la mayonnaise et le jus de citron, puis assaisonner.

- Réserver au froid 1 à 2 jours.

Sauce Mille-Îles pour salades ou trempettes

250 ml	mayonnaise (voir page 171)	1 tasse
60 ml	pâte de tomates	1/4 tasse
30 ml	poivron rouge en brunoise (voir page 188)	2 c. à table
30 ml	poivron vert en brunoise	2 c. à table
30 ml	olives noires en brunoise	2 c. à table
10 ml	sauce anglaise (Worcestershire)	2 c. à thé
10 ml	raifort préparé	2 c. à thé
	sel et poivre	

- Mélanger tous les ingrédients et réserver au froid.

Sauce au curry pour salades, légumes ou moules froides

250 ml	mayonnaise (voir page 171)	1 tasse
15 ml	pâte verte de curry à la thaïlandaise (voir page 251)	1 c. à table
45 ml	yogourt nature	3 c. à table

- Mélanger tous les ingrédients et réserver au froid.

Sauce tartare pour poisson ou poulet frit

250 ml	mayonnaise (voir page 171)	1 tasse
2	oignons verts émincés	2
45 ml	ciboulette ciselée	3 c. à table
30 ml	cornichons surs en brunoise	2 c. à table
15 ml	jus de citron	1 c. à table
	sel et poivre	

- Mélanger tous les ingrédients et réserver au froid.

Sauce au gingembre pour fondue

250 ml	mayonnaise (voir page 171)	1 tasse
20 ml	jus de lime	4 c. à thé
30 ml	gingembre fraîchement râpé	2 c. à table
30 ml	coriandre fraîche, hachée	2 c. à table
10 ml	sauce soya	2 c. à thé
	sel et poivre	

- Mélanger tous les ingrédients et réserver au froid.

Sauce rémoulade pour frites, salades ou poisson frit

250 ml	mayonnaise (voir page 171)	1 tasse
15 ml	moutarde de Dijon	1 c. à table
15 ml	câpres hachées	1 c. à table
30 ml	persil frais, haché	2 c. à table
15 ml	estragon frais, haché	1 c. à table
3	filets d'anchois rincés et hachés	3
15 ml	vinaigre de vin rouge	1 c. à table
	sel et poivre	

- Mélanger tous les ingrédients et réserver au froid.

Techniques et recettes

Salade César

Portions : 4

2	jaunes d'œufs	2
15 ml	moutarde de Dijon	1 c. à table
15 ml	câpres hachées finement	1 c. à table
3	filets d'anchois hachés finement	3
15 ml	persil frais, haché	1 c. à table
1	gousse d'ail hachée finement	1
	jus de 1 citron	
125 ml	huile d'olive	½ tasse
1	laitue romaine lavée, essorée et cassée à la main	1
	croûtons aillés, au goût	
	parmesan râpé, au goût	
2	tranches de bacon cuites et hachées finement (facultatif)	2
	sel et poivre	

- Dans un grand bol, placer les jaunes d'œufs, la moutarde, les câpres et les filets d'anchois. Ajouter le persil, la gousse d'ail et le jus de citron. À l'aide d'un fouet, battre le contenu du bol jusqu'à ce que les jaunes commencent à prendre une teinte très pâle.

- Incorporer l'huile graduellement tout en fouettant afin de l'émulsionner. Saler et poivrer.

- Ajouter à la sauce la laitue, les croûtons, le parmesan et le bacon, puis bien mélanger. Servir immédiatement.

Incorporer l'huile

Salade mixte et sa vinaigrette au miel et à la moutarde de Dijon

Portions : 4

30 ml	moutarde de Dijon	2 c. à table
45 ml	vinaigre de vin rouge	3 c. à table
15 ml	miel	1 c. à table
45 ml	coriandre fraîche, hachée	3 c. à table
1	oignon vert haché	1
1	gousse d'ail hachée	1
180 ml	huile d'olive	3/4 tasse
	laitues au choix (mesclun, endive, épinard, roquette, trévise, scarole, etc.)	
	sel et poivre	

- Dans un bol, mélanger la moutarde de Dijon, le vinaigre de vin rouge, le miel, la coriandre, l'oignon vert et l'ail. Assaisonner.

- Monter la vinaigrette en versant l'huile en filet tout en brassant continuellement.

- Au moment de servir, verser un peu de vinaigrette sur la laitue.

 Cette vinaigrette devra être mélangée de nouveau avant son utilisation. C'est une émulsion temporaire.

Académie culinaire

Sauces émulsionnées chaudes

Sauce hollandaise

Rendement : 250 ml / 1 tasse

2	jaunes d'œufs	2
15 ml	eau	1 c. à table
250 ml	beurre clarifié (voir page 60)	1 tasse
15 ml	jus de citron	1 c. à table
	sel et poivre de Cayenne	

- Dans un cul-de-poule, mélanger les jaunes d'œufs avec l'eau.

- Préparer un bain-marie et y fouetter délicatement les jaunes d'œufs, en les retirant de la source de chaleur de temps à autre, afin d'éviter une coagulation trop rapide. Fouetter jusqu'à ce que la sauce nappe la cuillère.

- Hors du feu, déposer un linge entre le bain-marie et le bol, puis incorporer petit à petit le beurre clarifié, en fouettant.

- Ajouter le jus de citron, assaisonner et mélanger.

Pour réserver cette sauce pendant un temps limité, conservez-la sur une source de chaleur à faible intensité. Ne la mettez pas au réfrigérateur car elle figerait.

Utilisez cette sauce sur les poissons, les viandes brunes et blanches, les légumes verts et les œufs. Elle peut aussi servir à glacer les crêpes, les fruits, les œufs pochés, etc.

Au bain-marie

Incorporer le beurre

Sauce maltaise pour poisson poché et médaillons de veau

250 ml	sauce hollandaise (voir page 177)	1 tasse
20 ml	jus d'orange	4 c. à thé
2	zestes d'orange en julienne, blanchis	2

- Mélanger tous les ingrédients et réserver au froid.

Sauce mousseline

250 ml	sauce hollandaise (voir page 177)	1 tasse
60 ml	crème fouettée	¼ tasse
	sel et poivre	

- Mélanger tous les ingrédients et réserver au froid.

Sauce à la moutarde pour viande blanche grillée

| 250 ml | sauce hollandaise (voir page 177) | 1 tasse |
| 15 ml | moutarde de Dijon | 1 c. à table |

- Mélanger tous les ingrédients et réserver au froid.

Sauce béarnaise pour viande rouge grillée

30 ml	vinaigre de vin rouge	2 c. à table
1	échalote hachée	1
15 ml	estragon frais, haché	1 c. à table
15 ml	persil frais, haché	1 c. à table
5 ml	poivre concassé	1 c. à thé
250 ml	sauce hollandaise (voir page 177)	1 tasse
	sel et poivre	

- Dans une casserole, faire réduire le vin rouge avec les échalotes, l'estragon, le persil et le poivre.

- Mélanger avec la sauce hollandaise.

- Assaisonner et réserver au chaud.

Techniques et recettes

Beurre blanc aux agrumes

Rendement : 250 ml / 1 tasse

3	échalotes hachées finement	3
60 ml	vin blanc	¼ tasse
60 ml	jus d'orange ou jus d'agrumes mélangés	¼ tasse
30 ml	crème 35 %	2 c. à table
250 ml	beurre froid, coupé en petits dés	1 tasse
	sel et poivre	

- Placer les échalotes, le vin blanc et le jus d'orange ou d'agrumes dans une casserole sur feu vif. Réduire le liquide jusqu'à ce qu'il en reste environ 30 ml (2 c. à table).

- Ajouter la crème et laisser chauffer. Toujours à feu vif, ajouter tout le beurre et, à l'aide d'un fouet, l'émulsionner complètement.

- Aussitôt le beurre fondu, retirer la marmite du feu, puis assaisonner. Réserver sur feu très doux.

Le beurre aux agrumes est un classique de la cuisine française, qui produit une sauce riche et onctueuse servie généralement sur des poissons ou des volailles pochées. Cette recette est une variante qui contient de la crème, ce qui apporte de la stabilité au produit fini.

Goûtez la préparation et, si elle vous semble un peu fade ou si elle manque de goût, ajoutez une petite quantité de vinaigre de vin blanc. Toutefois, si elle est un peu amère ou acide (selon le jus utilisé), ajoutez un peu de beurre, toujours en l'émulsionnant complètement.

Techniques et recettes

Émulsionner

Les potages

Symboles par excellence de l'aliment réconfort, les potages, qu'ils soient clairs, liés ou taillés, sont des préparations culinaires liquides, chaudes ou froides, servies en début de repas.

Souvent accompagnés d'une garniture, les potages clairs comprennent les fonds, les bouillons et les consommés. Parmi les potages liés figurent les crèmes, les purées et les bisques. L'agent de liaison est souvent un roux ou un beurre manié, et ces potages sont passés au chinois ou au presse-purée.

Les potages taillés sont communément appelés « soupes ». Les légumes sont sués et additionnés d'un fond, généralement de volaille, puis le tout mijote lentement et n'est pas passé.

Les potages peuvent être consistants et ainsi assumer sans problème le rôle principal dans un repas.

Il y a autant de potages qu'il y a de légumes. Tout est possible : les nationalités s'inspirent les unes des autres et créent de nouvelles alliances. Parfumés, les potages préparent nos papilles pour la suite et promettent de bons moments à table.

Crème florentine

Portions : 4

1	branche de céleri en mirepoix fine	1
1	poireau (partie verte) en mirepoix fine	1
1	paquet de 284 g (10 oz) d'épinards	1
30 ml	beurre	2 c. à table
115 g	farine	4 oz
1,25 litre	fond blanc de volaille (voir page 143)	5 tasses
30 ml	crème 35 %	2 c. à table
	sel et poivre	

- Faire suer la mirepoix et les épinards au beurre, puis singer.

- Mouiller au fond blanc de volaille. Porter à ébullition et laisser mijoter 30 minutes.

- Passer au presse-purée ou au mélangeur*. Filtrer à l'aide d'un tamis. Bien assaisonner.

- Terminer avec l'ajout de la crème.

* Si vous utilisez le mélangeur pour réduire le potage en une purée fine, vous devrez réduire la quantité de farine à 25 g.

Suer   Singer

Potage Parmentier et sa julienne de légumes

Portions : 4

60 ml	beurre doux	1/4 tasse
250 g	blancs de poireaux en julienne	1 tasse
625 ml	pommes de terre pelées et coupées en petits cubes	2 1/2 tasses
1 litre	fond blanc de volaille (voir page 143)	4 tasses
125 ml	crème 35 %	1/2 tasse
15 ml	cerfeuil haché finement	1 c. à table
	sel et poivre	

Garniture

30 ml	beurre doux	2 c. à table
60 g	blancs de poireaux coupés en julienne	2 oz
60 g	carottes pelées et coupées en julienne	2 oz
60 g	rutabaga pelé et coupé en julienne	2 oz
60 g	céleri coupé en julienne	2 oz
	cerfeuil (pour la décoration)	

ⓘ Vous n'avez pas besoin de réchauffer les légumes de la garniture avant de les placer dans le bol, car le potage chaud les réchauffera.

Utilisez le pied mélangeur directement dans la casserole hors du feu pour rendre en purée.

Ce potage froid additionné de crème et de ciboulette ciselée porte le nom de vichyssoise.

- Dans une marmite suffisamment grande, faire fondre le beurre à feu doux. Ajouter les blancs de poireaux et les faire suer lentement jusqu'à ce qu'ils deviennent translucides. Ajouter les cubes de pommes de terre et cuire 1 ou 2 minutes de plus.

- Mouiller au fond blanc de volaille et porter à ébullition. Réduire le feu et laisser mijoter jusqu'à ce que les pommes de terre soient tendres.

- Passer le potage au moulin à légumes, puis le retourner dans la marmite. Saler et poivrer, puis ajouter la crème. Corriger l'assaisonnement si nécessaire, puis ajouter le cerfeuil pour la finition. Réserver.

- Pendant la cuisson du potage, préparer la garniture en faisant sauter au beurre les légumes. Assaisonner au goût, puis réserver.

- Placer une portion de légumes en julienne dans des bols ou des assiettes creuses, puis verser le potage chaud sur les légumes. Décorer d'une pluche de cerfeuil et servir immédiatement.

Julienne

Bisque de homard

Portions : 6 à 8

1	homard cru d'environ 625 g (1 1/4 lb)	1
60 ml	huile végétale	4 c. à table
45 ml	cognac	3 c. à table
1	carotte pelée	1
1	branche de céleri	1
1	oignon	1
1	poireau	1
125 ml	farine ou beurre manié, au besoin* (voir page 103)	1/2 tasse
60 ml	vin blanc	1/4 tasse
250 ml	tomates en conserve	1 tasse
60 ml	pâte de tomates	1/4 tasse
1	gousse d'ail écrasée	1
2 litres	fumet de poisson chaud (voir page 144) ou eau	8 tasses
1	bouquet garni	1
80 ml	crème 35 %	1/3 tasse
2 ml	estragon frais, haché	1/2 c. à thé
1 pincée	poivre de Cayenne	1 pincée
	sel et poivre	

- Nettoyer le homard à l'eau courante. Découper grossièrement la carapace de homard et retirer les parties indésirables.

- Bien chauffer l'huile et faire revenir à feu vif les morceaux de carapace jusqu'à ce qu'elle rougisse. Laisser saisir avant de brasser, puis flamber au cognac.

- Couper les légumes en mirepoix et la faire suer. Singer*.

- Déglacer au vin blanc. Ajouter les tomates, la pâte de tomates, l'ail et le fumet de poisson chaud. Porter à ébullition, écumer au besoin et ajouter le bouquet garni. Cuire de 45 à 60 minutes à demi couvert. Retirer le bouquet garni et les morceaux de homard. Décortiquer ces derniers et réserver la chair pour la garniture. Passer le liquide au chinois et fouler.

- Incorporer la crème et porter à ébullition 1 minute. Vérifier la liaison (réduire ou lier au besoin), ajouter l'estragon et le poivre de Cayenne. Rectifier l'assaisonnement, si nécessaire.

- Verser la bisque dans des bols, garnir de la chair de homard réservée et servir.

* Si vous désirez congeler ce potage, ne le singez pas. Utilisez plutôt un beurre manié pour le lier après décongélation.

Chair de homard

Soupe aux légumes

Portions : 4

20 ml	beurre	4 c. à thé
60 g	poireaux émincés	2 oz
60 g	oignons émincés	2 oz
60 g	carottes en paysanne	2 oz
60 g	céleri en paysanne	2 oz
60 g	navet en paysanne	2 oz
60 g	chou vert en petits dés	2 oz
60 g	pommes de terre en jardinière	2 oz
60 g	haricots verts coupés en tronçons	2 oz
1 litre	fond blanc de volaille chaud (voir page 143)	4 tasses
10 ml	basilic frais, haché	2 c. à thé
	sel et poivre	

- Faire fondre le beurre dans une casserole à feu moyen. Ajouter les légumes, sauf les pommes de terre et les haricots verts. Faire suer les légumes sans les colorer.

- Mouiller avec le fond de volaille et cuire 10 minutes. Ajouter les pommes de terre et cuire 20 minutes. Assaisonner.

- Ajouter les haricots verts et le basilic, puis continuer la cuisson 5 minutes ou jusqu'à tendreté.

- Réserver et servir chaud.

ⓘ Accompagnez ce potage d'un croûton de pain rôti garni de gruyère ou d'emmental râpé.

Remplacez le basilic par d'autres herbes comme le persil, la sariette ou le cerfeuil.

Paysanne

Les coupes de légumes

La coupe des légumes influence le style et la présentation des mets. Classiques juliennes, brunoises raffinées, simples macédoines, mirepoix goûteuses... En cuisine, rien ne se jette.

Utilisez les bouts, les feuilles ou les racines pour en faire des potages ou des fonds. Un bon couteau bien affilé sera votre meilleur ami.

Brunoise : Couper en petits dés de la grosseur d'un grain d'orge.

Couper en deux   Épépiner   Émincer finement   Couper en petits dés

Julienne : Tailler en bâtonnets de la grosseur d'un spaghetti.

Couper en longueur de 4 cm (1 ¹/2 po) Couper en filaments de 0,3 cm (¹/8 po)

Couper en longueur de 4 cm (1 ¹/2 po) Couper en lamelles de 0,3 cm (¹/8 po)   Tailler en petits bâtonnets

Jardinière : Tailler en bâtonnets.

Couper en longueur de 4 cm (1 ¹/2 po)   Couper en tranches de 0,5 cm (¹/4 po)   Tailler en bâtonnets

Paysanne : Couper en cubes.

Couper en épaisseur de 0,5 cm (¹/4 po)   Tailler en bâtonnets de 0,5 cm (¹/4 po)   Émincer

Mirepoix : Tailler en dés plus ou moins gros, selon le temps de cuisson ou les exigences de la recette.

Ciseler une laitue

Couper la tige | Tailler en morceaux égaux | Superposer | Émincer

Ciseler un oignon

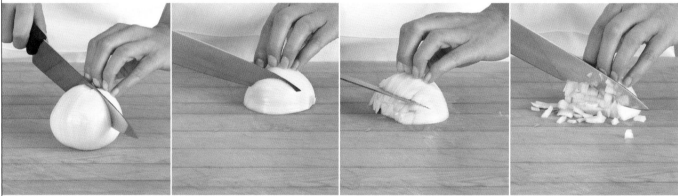

Couper de la tête à la racine | Mettre à plat et tailler finement à la verticale sans couper la racine | Faire des coupes à l'horizontale | Couper en petits cubes à la verticale

Hacher un oignon

Couper de la tête à la racine | Émincer | Réduire en morceaux

Émincer

Couper de la tête à la racine | Couper en tranches égales plus ou moins fines

Macédoine
Tailler en petits dés
de grosseur uniforme.
(Voir technique de la jardinière.)

Parisienne
Faire tourner sur elle-même
une cuillère parisienne pour
extraire des boules.

Tourner
Donner une forme ovale régulière ressemblant à un œuf allongé, à l'aide d'un couteau d'office.

Légumes verts à l'anglaise

Portions : 4

450 g	légumes verts : brocoli, asperges, haricots, choux de Bruxelles… 1 lb
	eau
	sel

- Tremper les légumes dans de l'eau froide quelques minutes pour en éliminer le sable ou la terre qui aurait pu s'accumuler dans le feuillage ou dans les fleurs. Bien égoutter.

- Cuire les légumes à l'eau bouillante salée jusqu'à tendreté (le temps de cuisson variera selon le légume choisi).

- Rafraîchir en les plongeant dans un bain d'eau glacée ou servir immédiatement, selon l'usage.

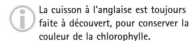 La cuisson à l'anglaise est toujours faite à découvert, pour conserver la couleur de la chlorophylle.

Rafraîchir vos légumes après la cuisson vous permettra de les cuire à l'avance, de les réserver et de les réchauffer à l'eau bouillante au moment de les servir. De plus, cette méthode fixe leur couleur : vous servirez ainsi des légumes encore plus appétissants.

Vous pouvez aussi blanchir les légumes verts dès que vous les achetez, pour les conserver plus longtemps au réfrigérateur ou les congeler.

Blanchir   Rafraîchir

Julienne de légumes sautés

Portions : 4

1	blanc de poireau moyen coupé en julienne	1
1	carotte moyenne pelée, parée et coupée en julienne	1
1	bulbe de fenouil lavé et coupé en julienne	1
1	courgette moyenne coupée en julienne	1
1	poivron rouge épépiné et coupé en julienne	1
30 ml	huile d'olive	2 c. à table
	sel et poivre fraîchement moulu	

- Plonger les légumes dans un bain d'eau froide quelques minutes et égoutter.

- Dans une grande sauteuse ou un wok chaud, verser l'huile d'olive et y déposer les légumes bien essorés. Sauter les légumes à feu vif 2 ou 3 minutes en les agitant sans arrêt, jusqu'à ce qu'ils soient cuits, mais encore croquants.

- Assaisonner et servir immédiatement.

 Préparez cette recette à la toute dernière minute, car les légumes coupés en julienne cuisent rapidement. Variez cette garniture colorée en combinant d'autres légumes comme du rutabaga, du navet, des betteraves, etc.

Sauter

Gratin de légumes

Portions : 4

2	grosses carottes pelées et coupées en rondelles très minces	2
1	rutabaga moyen pelé et taillé en jardinière	1
3	racines de panais pelées et coupées en rondelles très minces	3
1	céleri-rave moyen pelé et émincé	1
15 ml	persil frais, haché finement	1 c. à table
500 ml	béchamel (voir page 161)	2 tasses
15 ml	beurre doux (pour beurrer le plat)	1 c. à table
1	gousse d'ail	1
60 ml	fromage gruyère râpé	¹/₄ tasse

- Blanchir rapidement les légumes dans une casserole d'eau bouillante salée. Les rafraîchir à l'eau froide quelques minutes. Égoutter et réserver.

- Ajouter le persil à la béchamel, puis réserver.

- Beurrer un plat allant au four, en frotter l'intérieur avec la gousse d'ail et y déposer les légumes blanchis. Napper de béchamel, puis garnir de fromage.

- Cuire au four préchauffé à 180 °C (350 °F) de 30 à 40 minutes ou jusqu'à ce que les légumes soient tendres et le fromage bien doré.

Blanchir

Gratiner

Légumes marinés au vinaigre aromatisé

Portions : 4

1	gousse d'ail hachée	1
30 ml	persil frais, haché	2 c. à table
80 ml	huile d'olive	1/3 tasse
60 ml	vinaigre de vin rouge	1/4 tasse
	jus de 1 citron	
	sel et poivre	
450 g	légumes au choix (ex. : carottes, fenouil)	1 lb

- Dans un bol, bien mélanger tous les ingrédients de la marinade (sauf les légumes).

- Couper les légumes en julienne, les déposer dans la marinade et bien brasser.

- Laisser reposer au réfrigérateur environ 2 heures.

- Retirer les légumes de la marinade et les faire sauter rapidement dans une poêle bien chaude.

ⓘ Vous pouvez aussi laisser réduire la marinade dans une casserole à feu moyen après utilisation et la verser sur les légumes cuits (ou sur un nid de pâtes courtes).

Techniques et recettes

Couper en julienne

Sauter

Les modes de cuisson

Sans son éventail de modes de cuisson, la cuisine perdrait beaucoup de sa variété. Braiser, griller, paner, pocher, poêler, frire, rôtir, saisir, gratiner, cuire à l'étouffée... Le seul fait de recenser toutes ces techniques nous éloigne de la banalisation des mets. Essayer une technique de cuisson avec une autre viande (par exemple, remplacer le poulet par le canard ou le bœuf par le veau) vous donnera des résultats et un goût différents.

Comprendre l'effet du mode de cuisson sur l'aliment permet de se retrouver devant une infinité de menus avec des saveurs influencées par les cuisines du monde.

Expérimenter sera alors un plaisir.

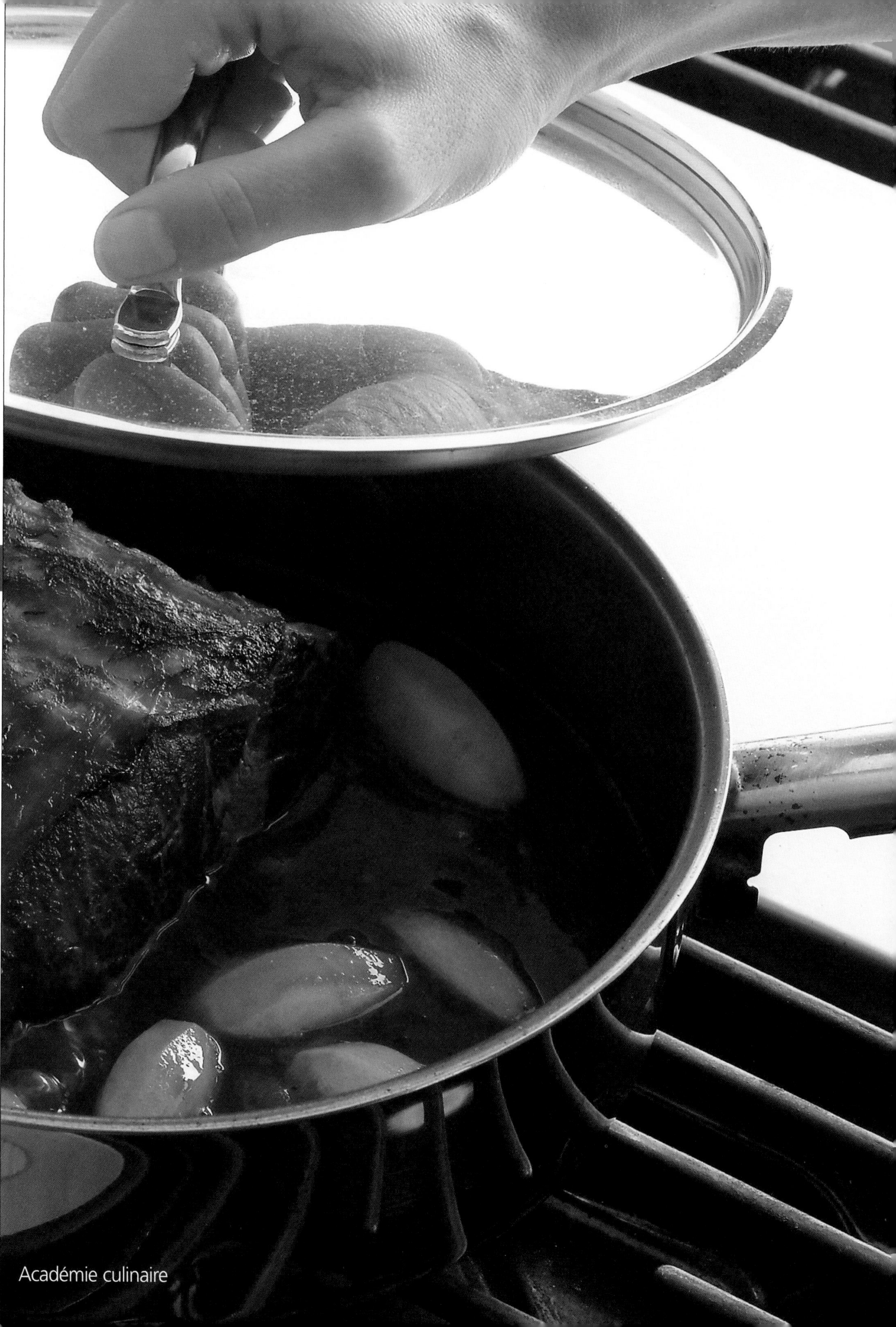

Braiser

Le braisage des ragoûts est la cuisson mixte par excellence. Il suffit de saisir les morceaux de viande de tous les côtés, d'ajouter les légumes et les aromates, de mouiller le tout avec un fond, du vin, etc., puis de laisser mijoter à couvert au four.

Curry de lotte aux trois légumes

Portions : 4

15 ml	huile végétale	1 c. à table
750 g	lotte sans la peau, bien rincée et coupée en huit médaillons	1 ½ lb
1	courgette coupée en bâtonnets de 5 cm (2 po) de longueur	1
2	carottes coupées en bâtonnets de 5 cm (2 po) de longueur	2
½	navet coupé en bâtonnets de 5 cm (2 po) de longueur	½
2	échalotes émincées	2
30 ml	poudre de curry	2 c. à table
180 ml	vin blanc	¾ tasse
180 ml	fumet de poisson (voir page 144)	¾ tasse
	sel et poivre	

- Verser la moitié de l'huile dans un wok bien chaud et y sauter les morceaux de lotte. Cuire jusqu'à ce que le poisson devienne légèrement coloré. Le retirer du wok et réserver.

- Verser le reste de l'huile dans le wok et y faire sauter les légumes. Ajouter la poudre de curry et poursuivre la cuisson quelques secondes. Déglacer à l'aide du vin blanc et réduire de moitié. Ajouter le fumet de poisson et réduire le feu afin de laisser mijoter le tout une vingtaine de minutes.

- Ajouter les morceaux de lotte, assaisonner et laisser mijoter 20 minutes de plus.

- Servir avec des nouilles de riz et de la sauce soya.

Navarin d'agneau aux petits légumes

Portions : 4

625 g	agneau en cubes (épaule)	1 ¼ lb
30 ml	huile	2 c. à table
30 ml	farine tout usage	2 c. à table
500 ml	fond brun de veau non lié ou eau (voir page 145)	2 tasses
30 ml	pâte de tomates	2 c. à table
1	carotte en gros cubes	1
1	oignon en gros cubes	1
2	gousses d'ail hachées	2
1	bouquet garni	1
60 g	petits oignons perlés	2 oz
60 g	carottes en jardinière	2 oz
60 g	navet en jardinière	2 oz
60 g	pommes de terre en jardinière	2 oz
60 g	haricots verts en jardinière	2 oz
60 g	petits pois verts	2 oz
	sel et poivre	
	persil frais, haché	

ⓘ Il s'agit d'un grand classique, facile à réaliser, savoureux et qui se réchauffe très bien. Si la sauce est trop épaisse, vous pouvez l'allonger avec un peu d'eau.

- Saler et poivrer les cubes d'agneau.

- Saisir la viande dans l'huile chaude et bien faire colorer. Singer, puis mouiller avec le fond de veau ou l'eau.

- Ajouter la pâte de tomates, les cubes de carotte et d'oignon, l'ail et le bouquet garni. Cuire à feu doux ou au four à 180 °C (350 °F) avec couvercle pendant 1 heure. Décanter la viande et passer la sauce sur la viande.

- Ajouter les petits oignons, la jardinière de carottes et de navet, puis cuire 15 minutes.

- Ajouter les pommes de terre et les haricots verts et cuire 5 minutes. Ajouter les petits pois verts et cuire 5 minutes. Vérifier et ajuster la texture de la sauce et son assaisonnement.

- Servir saupoudré de persil haché.

Saisir

Singer

Mouiller

Décanter

Passer

Cuire à l'étouffée

La cuisson à l'étouffée s'effectue en croûte, en papillote ou à la vapeur directe.

Cuisson en croûte : Ce type de cuisson, qui se fait dans une pâte feuilletée, brisée, à brioche, à pâté ou autre, concentre fortement les goûts. D'autres aliments peuvent s'ajouter, dont des fines herbes, une purée de champignons (duxelles), etc. La pâte peut être remplacée par du gros sel (exemples : bar ou poularde en croûte de sel). Le poulet rôti de cette façon prend un goût exceptionnel. Anciennement, à la campagne, on utilisait aussi de l'argile pour emprisonner des pièces de volaille, ce qui leur donnait un goût tout à fait unique. Cette technique est encore d'usage en Inde.

Cuisson en papillote : Pour ce genre de cuisson, on enferme hermétiquement l'aliment dans une feuille de papier sulfurisé ou de papier aluminium à laquelle on donne une forme de chausson en pinçant les bords.

Cuisson à la vapeur : Ce type de cuisson se fait à l'aide d'une casserole d'eau aromatisée (fond de volaille, fumet de poisson, etc.), au-dessus de laquelle on dépose un panier en bois ou une marguerite qui contient l'aliment à cuire. La cuisson se fait à couvert et c'est la vapeur créée par l'ébullition de l'eau qui cuit l'aliment.

Poitrines de volaille à l'étouffée

Portions : 4

15 ml	beurre	1 c. à table
4	poitrines de volaille d'environ 150 g (5 oz) chacune	4
1 noix	beurre	1 noix
15 ml	huile	1 c. à table
3	oignons verts émincés	3
200 g	champignons émincés	7 oz
1	petite gousse d'ail, hachée	1
500 ml	tomates fraîches, mondées, épépinées et taillées en dés	2 tasses
1 pincée	sucre (facultatif)	1 pincée
60 ml	persil frais, haché	1/4 tasse
	sel et poivre	

- Chauffer la poêle, ajouter le beurre et le faire légèrement colorer.

- Saler et poivrer les poitrines de volaille, puis les faire colorer rapidement des deux côtés dans le beurre.

- Couvrir la poêle d'un papier aluminium, déposer un couvercle et laisser cuire à feu doux pendant 10 à 15 minutes.

- Dans une autre poêle, faire chauffer une noix de beurre et l'huile, ajouter les oignons verts, les champignons, l'ail et les tomates en dés. Saler et poivrer. Laisser cuire à feu doux jusqu'à évaporation du liquide. Si le mélange de tomates est trop acide, ajouter une pincée de sucre à la fin de la cuisson.

- Dresser les poitrines et leur garniture sur des assiettes, puis décorer avec le persil haché.

Filets de doré thaïlandais en papillote

Portions : 4

20 ml	ciboulette fraîche, hachée finement	4 c. à thé
1	poivron rouge en julienne	1
15 ml	gingembre fraîchement haché	1 c. à table
1	carotte moyenne en julienne	1
1	branche de céleri en julienne	1
1	blanc de poireau moyen en julienne	1
4	filets de doré de 120 à 150 g (4 à 5 oz) chacun	4
1	piment fort (vert ou rouge) haché finement	1
75 ml	lait de coco	5 c. à table
30 ml	vin blanc	2 c. à table
	sel et poivre	

- Découper quatre carrés de papier parchemin ou de papier aluminium d'environ 30 cm (12 po) de côté.

- Préchauffer le four à 220 °C (425 °F).

- Partager la ciboulette et les légumes au centre des quatre feuilles de papier.

- Déposer les filets de doré sur les légumes et les parsemer de piment fort. Verser un peu de lait de coco et de vin blanc sur chaque poisson, saler et poivrer. Replier le papier sur lui-même de manière à couvrir le poisson et les légumes.

- Fermer hermétiquement les papillotes en pinçant les rebords à plusieurs reprises. Déposer sur une plaque à cuisson et cuire au four 20 minutes. Si les papillotes sont bien fermées, elles gonfleront comme des ballons. Si elles ne le sont pas, elles resteront plates, et une petite quantité de vapeur s'en échappera, augmentant ainsi le risque d'obtenir du poisson un peu sec.

- Pour servir directement dans le papier, transférer sur des assiettes à l'aide d'une spatule et faire une incision en forme de croix sur le dessus.

ⓘ Cette méthode de cuisson peut servir à préparer d'autres poissons ou des fruits de mer.

Déposer

Replier

Fermer

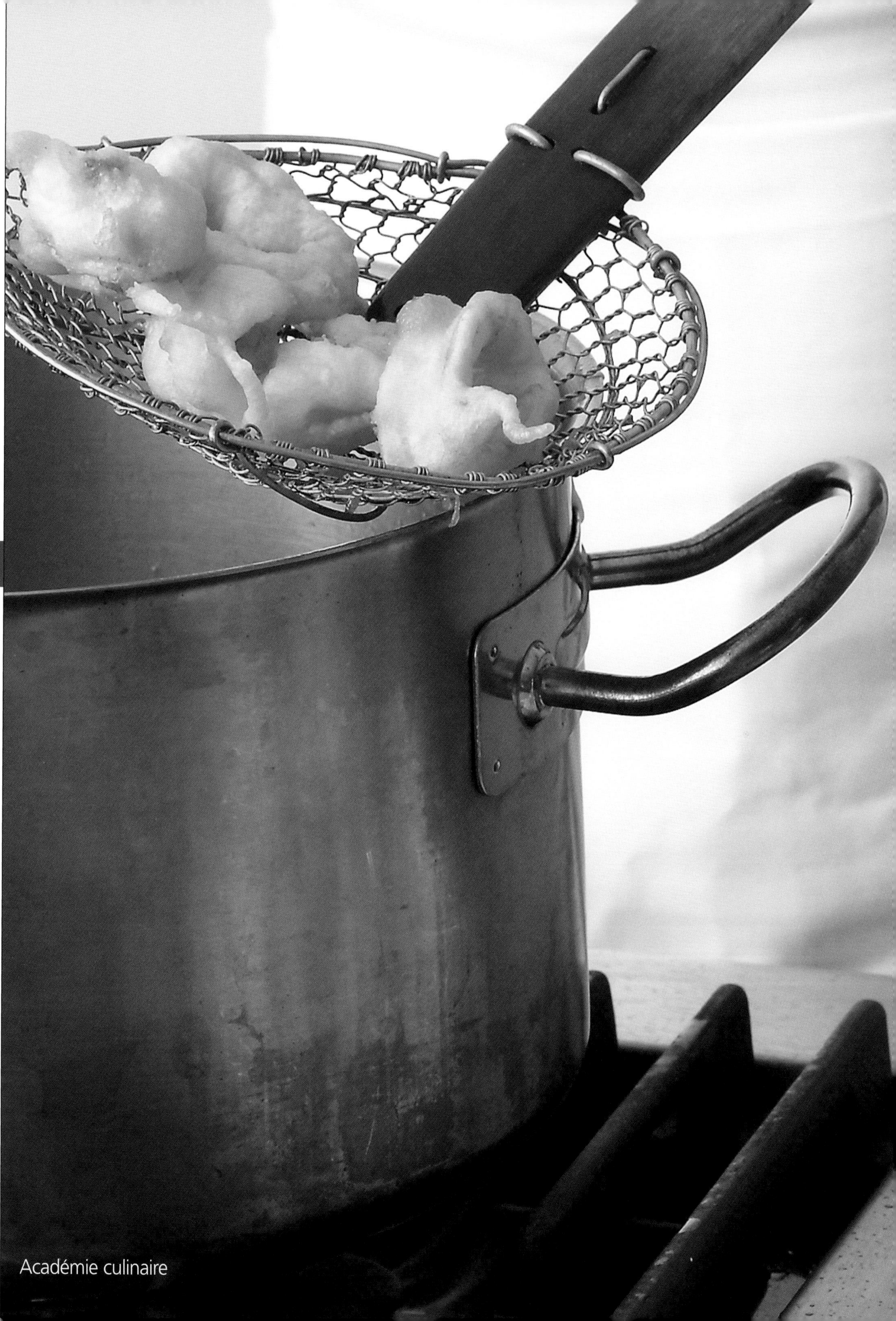

Frire

La cuisson en friture consiste à cuire un aliment par saisissement avec coloration, en le plongeant dans un bain de matière grasse portée à une température de 140 °C à 180 °C (285 °F à 350 °F). La matière grasse peut être de l'huile d'arachide ou végétale, du saindoux, de la graisse de rognons de bœuf ou de canard, etc. Les aliments doivent être bien secs afin de ne pas provoquer d'éclaboussures.

Comment réussir des pommes de terre frites

1 Couper les pommes de terre en bâtonnets de 1 cm (¹/₂ po) d'épaisseur ou selon votre goût. Laver à l'eau froide et bien éponger dans un linge.

2 Faire chauffer l'huile à 170 °C (340 °F). Tester la température de l'huile en y jetant une frite. Si elle remonte à la surface en bouillonnant, l'huile est prête. Plonger les frites une première fois durant 7 à 8 minutes. Les sortir du bain d'huile, les égoutter ou les déposer sur un papier absorbant.

3 Faire chauffer l'huile à 180 °C (350 °F) et y replonger les frites pour obtenir une belle coloration et les rendre croustillantes. Les sortir du bain d'huile, les égoutter et les saler à chaud. Ne jamais dépasser 180 °C (350 °F), car le bain de friture pourrait devenir nocif.

Calmars frits

Portions : 4 à 6

450 g	calmars	1 lb
	jus d'un demi-citron	
1	gousse d'ail hachée	1
500 ml	mélange à tempura	2 tasses
125 ml	eau froide	½ tasse
	sel et poivre moulu	
	quartiers de citron	

Mélange à tempura

160 ml	fécule de maïs	⅔ tasse
330 ml	farine tout usage	1 ⅓ tasse

- Si nécessaire, nettoyer les calmars : les laver, les vider et les trancher en rondelles. Mélanger le jus de citron et l'ail, puis saler et poivrer. Y faire mariner les calmars pendant 10 minutes. Égoutter et réserver.

- Faire chauffer l'huile dans la friteuse à 180 °C (350 °F). Pendant ce temps, préparer le mélange à tempura : verser la fécule et la farine dans un bol, ajouter l'eau et une pincée de sel. Bien mélanger le tout.

- Tremper les rondelles de calmars dans la pâte à frire, bien les enrober, puis les plonger dans l'huile chaude. Frire 1 minute, retirer et éponger.

- Servir immédiatement avec des quartiers de citron ou de la sauce pour calmars frits (voir recette page 167).

(voir recette page 167).

Enlever la tête   Retirer la plume

Dépiauter   Trancher en rondelles   Tremper   Frire

Gratiner

Saviez-vous que gratiner n'implique pas toujours du fromage, tels le gruyère, l'emmental ou la mozzarella ? Ce mode de cuisson polyvalent recourt parfois à la mie de pain, à la panure, au sabayon ou à la crème (pour le classique gratin dauphinois). Le but est de colorer un mets en le plaçant dans un plat qui résiste à la chaleur et en le glissant sous le gril du four ou de la salamandre. Le verbe « gratiner » vient de « gratin » : on grattait ce qui restait collé au récipient de cuisson.

Filets de dorade et courgettes au gratin

Portions : 4

30 ml	beurre	2 c. à table
4	filets de dorade avec la peau	4
1	échalote ciselée	1
2	courgettes moyennes coupées en petits dés	2
5 ml	aneth frais, haché finement	1 c. à thé
15 ml	persil frais, haché finement	1 c. à table
125 ml	crème 35 %	1/2 tasse
	sel et poivre	
60 g	fromage gruyère râpé	2 oz

- Dans une poêle antiadhésive bien chaude, faire fondre le beurre. Lorsqu'il devient noisette, y faire cuire les filets de dorade côté chair en premier. Cuire 2 minutes de chaque côté, puis les transférer dans des petits plats à gratin.

- Dans la même poêle, faire sauter l'échalote avec les dés de courgettes et cuire environ 2 minutes. Ajouter l'aneth et le persil, puis continuer la cuisson 2 minutes de plus. Ajouter la crème et laisser réduire légèrement.

- Verser le mélange de légumes à la crème sur le poisson. Râper le fromage et le saupoudrer sur le poisson.

- Gratiner le tout au four quelques minutes ou jusqu'à ce que le fromage soit bien doré.

- Servir immédiatement.

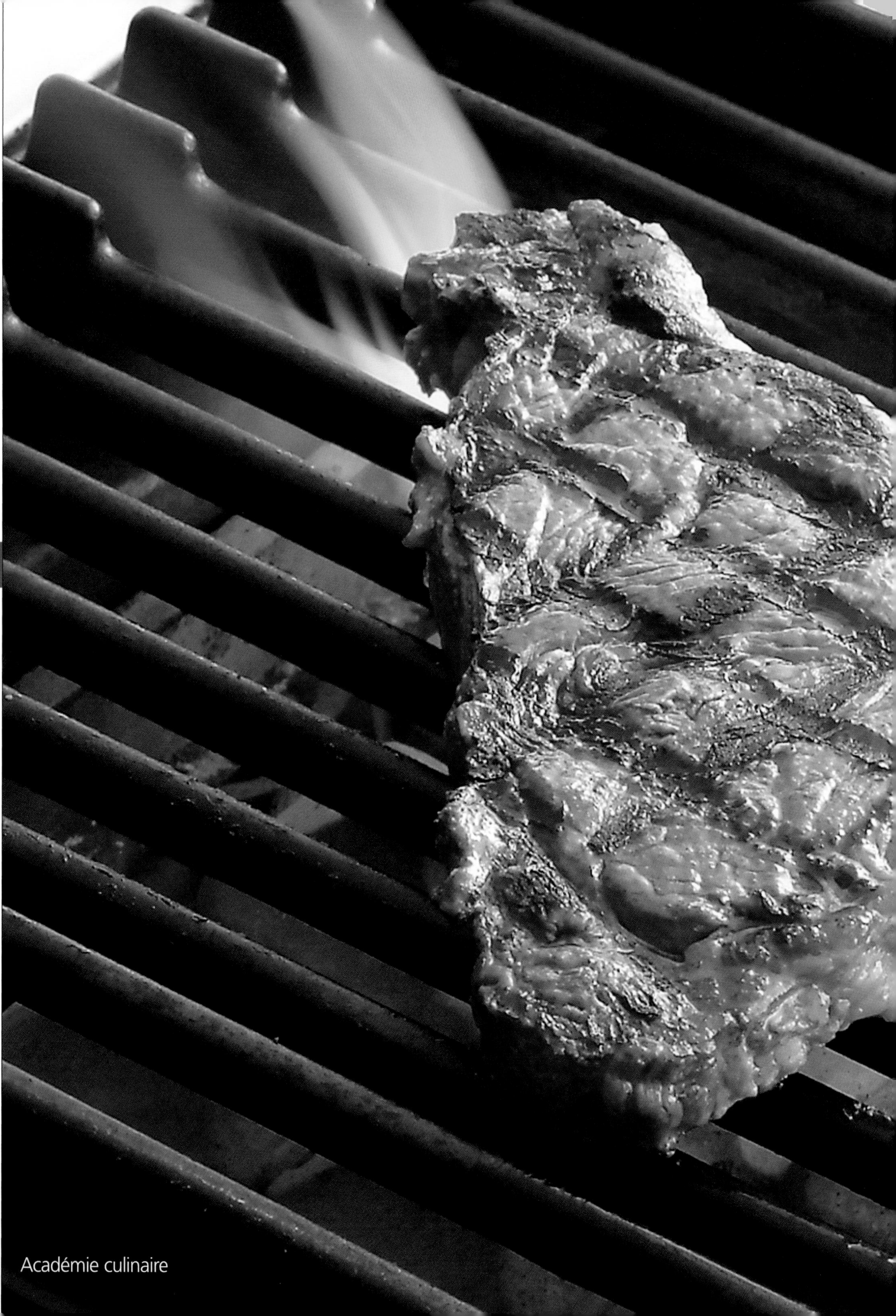

Griller

Griller consiste à cuire des aliments en les exposant à l'action rayonnante d'une source de chaleur. Celle-ci peut être alimentée par des briquettes, du bois aromatique (érable, pommier, vigne) ou du gaz. Même si certains ne remplaceraient jamais les effluves du bois ou du charbon de bois, plusieurs choisissent les grils au gaz parce qu'ils sont faciles à utiliser et à allumer. Peu importe le combustible choisi, il importe d'avoir un gril efficace dans lequel la chaleur sera bien distribuée et d'en maintenir les grilles propres.

Savoir griller

Avant de griller des aliments sur le barbecue, il est important de savoir l'utiliser de la façon appropriée. Préchauffer le gril une dizaine de minutes avant de l'utiliser et contrôler la chaleur sont deux conditions essentielles. Un thermomètre à lecture instantanée vous aidera à contrôler la cuisson.

Viandes rouges

Pour griller des viandes rouges, les conseils suivants doivent être respectés.

Laisser les pièces de viande atteindre la température ambiante, tout en respectant les règles d'hygiène de base.

Ne pas huiler les grilles ni abuser d'huile ou de gras lors de la préparation des pièces à cuire.

Bien égoutter une viande en marinade avant de la cuire pour éviter de la faire flamber.

Quadriller la viande : tourner la pièce d'un quart de tour pendant qu'elle saisit et répéter pour l'autre côté.

Retourner la pièce de viande une seule fois durant la cuisson pour éviter qu'elle ne se dessèche.

Ne jamais piquer la viande, car elle perdrait son jus.

Éviter de saler la viande crue pour ne pas la dégorger, ce qui empêcherait de bien la saisir. Il est préférable de saler les petites et moyennes pièces à mi-cuisson et les plus grosses au début et vers la fin.

Choisir une viande persillée plutôt que trop maigre. Le gras fond pendant la cuisson et préserve la tendreté de la viande. Il est possible de larder les pièces plus maigres avant la cuisson, mais il faut respecter la saveur propre de la viande en n'abusant pas du bacon. On peut aussi barder au gras de porc ou autre.

Pour le gibier et l'agneau, une couleur rose très pâle indique une cuisson parfaite.

Viandes blanches

Les conseils donnés dans la section des viandes rouges s'appliquent également aux pièces de viande blanche ; toutefois, il existe certaines différences dans la technique de cuisson.

Bien saisir la viande sur une grille préchauffée, puis réduire immédiatement la température du gril.

Éviter de cuire trop longtemps les viandes blanches, pour les empêcher de durcir et de sécher.

Pour le porc, une couleur rose très pâle indique une cuisson parfaite.

Les venaisons et les cubes à brochettes sont généralement marinés de 2 à 48 heures avant d'être grillés.

Poissons

Enduire les poissons d'huile très légèrement.

Préchauffer la grille une dizaine de minutes, puis déposer le poisson sur la grille bien chaude et quadriller les plus grosses pièces ou les darnes, si désiré.

Terminer la cuisson des grosses pièces à couvert ou au four. On peut inciser la peau de celles-ci pour favoriser la pénétration de la chaleur au centre.

Garder la peau pour la cuisson si possible : en grillant, elle parfumera agréablement la chair, tout en lui conservant ses sucs et son moelleux.

Les poissons gras et semi-gras (sardine, maquereau, saumon, thon, etc.) sont les meilleurs sur le gril.

Pour les filets, griller le poisson sur le côté de la chair (voir page 217).

Steaks grillés

Portions : 2

2	steaks d'environ 2,5 cm (1 po) d'épaisseur	1
	huile	

- Huiler la viande.

- Griller le steak sur une surface propre et à feu vif en le déposant en diagonale, la pointe vers la gauche. Après 2 minutes, le faire pivoter avec les pinces vers l'autre diagonale.

- Après 2 minutes, tourner le steak de l'autre côté et répéter les opérations.

- Retirer et servir.

ⓘ Le temps de cuisson dépend de l'épaisseur de votre steak. Voir le tableau des températures internes à la page 228.

Poitrines de poulet grillées teriyaki

Portions : 4

80 ml	sauce mirin	1/3 tasse
80 ml	saké	1/3 tasse
80 ml	sauce soya	1/3 tasse
45 ml	cassonade	3 c. à table
45 ml	gingembre fraîchement râpé	3 c. à table
30 ml	basilic frais, haché finement	2 c. à table
4	poitrines de poulet désossées	4
8	oignons verts entiers	8
8	champignons shiitake sans queue	8
1	orange coupée en 8 quartiers	1
2	tomates italiennes coupées en deux sur la hauteur	2
10 ml	fécule de maïs	2 c. à thé
15 ml	eau froide	1 c. à table

- Faire une marinade avec la sauce mirin, le saké, la sauce soya, la cassonade, le gingembre et le basilic. Bien combiner les éléments et y faire mariner les poitrines de poulet environ 30 minutes ou plus au réfrigérateur, en ne dépassant pas 6 heures.

- Préparer des brochettes en enfilant deux morceaux d'oignons verts, deux champignons, deux quartiers d'orange et un morceau de tomate par brochette, en alternance. Réserver.

- Préchauffer le gril à feu très chaud. Y griller ensuite les poitrines de poulet une dizaine de minutes sur chaque côté, en les tournant une seule fois durant cette cuisson.

- Pendant la cuisson des poitrines de poulet, placer la marinade dans une petite casserole et la porter à ébullition. Ajouter la fécule de maïs délayée dans l'eau et laisser cuire jusqu'à épaississement.

- Au terme de la cuisson des poitrines de poulet, baisser le feu du gril et y placer les brochettes de légumes. Laisser les poitrines sur le gril pendant environ 5 minutes en les badigeonnant de la marinade épaissie. Retirer les brochettes de légumes et les déposer sur des assiettes chaudes et y placer les poitrines de poulet. Servir chaud, accompagné de la sauce, si désiré.

Pavé de saumon et fenouil grillé

Portions : 4

60 ml	huile d'olive	4 c. à table
	sel et poivre	
1	filet de saumon d'environ 750 g (1 ½ lb), avec la peau et coupé en 4 morceaux égaux	1
1	bulbe de fenouil émincé	1
15 ml	ail haché	1 c. à table
20 ml	persil frais, haché	4 c. à thé
	quartiers de citron	

- Préchauffer le gril à feu élevé.

- Huiler, saler et poivrer le saumon. Le déposer sur le gril bien chaud côté chair d'abord et cuire à feu moyen (il ne doit pas y avoir de flammes pendant la cuisson), le couvercle fermé, pendant 4 à 5 minutes ou jusqu'à ce que la peau se retire facilement, ce qui indique que le poisson est cuit. Il ne sera pas nécessaire de retourner le poisson pendant sa cuisson. Retirer toute la peau. Réserver au chaud.

- Huiler légèrement les tranches de fenouil et les cuire sur le gril pendant quelques minutes. Retirer le fenouil, le déposer dans un plat. Assaisonner, puis poudrer d'ail et de persil.

- Déposer les morceaux de saumon sur le fenouil et servir avec des quartiers de citron.

Griller la chair   Retirer la peau

Paner les aliments signifie appliquer une croûte sur ceux-ci avant de les cuire. La croûte peut être composée de différents éléments, et pas seulement de mie de pain. Il existe différentes méthodes pour appliquer la panure : **à l'anglaise**, qui consiste d'abord à enfariner l'aliment avant de le passer dans une anglaise (œuf et huile), puis dans la mie de pain ; **à la milanaise**, qui consiste à ajouter du parmesan à la mie de pain ; **à la française**, qui consiste à badigeonner l'aliment de beurre clarifié et à le rouler dans la mie de pain.

Paner

Escalopes de veau cordon-bleu et coulis de poivron rouge

Portions : 4

4	escalopes de veau d'environ 125 g (¼ lb) chacune	4
4	tranches minces d'un jambon cuit de bonne qualité	4
4	tranches de fromage gruyère	4
125 ml	farine	½ tasse
1	œuf battu	1
30 ml	huile d'olive	2 c. à table
125 ml	chapelure	½ tasse
60 ml	huile végétale	4 c. à table
60 ml	beurre	4 c. à table
2	poivrons rouges entiers	2
4 ou 5	feuilles de basilic	4 ou 5
	sel et poivre fraîchement moulu	

- Amincir les escalopes entre deux morceaux de pellicule plastique, pour qu'elles aient une épaisseur d'environ 3 mm (⅛ po). Disposer les escalopes à plat, puis déposer une tranche de jambon et une tranche de fromage sur une moitié de chaque escalope. Replier l'escalope en portefeuille.

- Déposer la farine dans une assiette et l'assaisonner de sel et de poivre. Dans un autre plat, mélanger l'œuf battu et 15 ml (1 c. à table) d'huile d'olive. Dans une autre assiette, placer la chapelure.

- Paner les escalopes en les passant d'abord dans la farine, puis les secouer pour enlever l'excédent. Les passer ensuite dans l'œuf battu et finalement dans la chapelure. Secouer pour enlever l'excédent de nouveau.

- Chauffer l'huile végétale et le beurre dans une poêle. Cuire les escalopes environ 3 minutes de chaque côté. Retirer les escalopes et les réserver au chaud.

- Cuire les poivrons dans un four préchauffé à 200 °C (400 °F) pendant environ 30 minutes ou jusqu'à ce qu'ils noircissent. Les plonger ensuite dans un bol d'eau froide et enlever la peau (elle se décollera facilement). Épépiner les poivrons. Les placer dans le bol d'un robot avec les feuilles de basilic et en faire une purée lisse. Ajouter ensuite 15 ml (1 c. à table) d'huile d'olive tout en mélangeant, afin de bien l'émulsionner. Assaisonner et servir avec les escalopes.

Pocher
et bouillir

Pocher signifie cuire par expansion (eau, bouillon, fond, fumet, court-bouillon, sirop, etc.). La cuisson débute dans un liquide froid ou chaud.

À froid : Cette méthode ne saisit pas l'aliment et permet d'en libérer toutes les saveurs dans le liquide de cuisson. Exemples : pot-au-feu, poule au pot. Si la préparation doit être servie froide, il est préférable de laisser l'aliment refroidir complètement dans le liquide de cuisson.

À chaud : La cuisson dans un liquide chaud permet à l'aliment de conserver toutes ses valeurs nutritives. Les légumes verts doivent être cuits à gros bouillons dans beaucoup d'eau salée, soit 10-20 g (1/2 oz) de légumes par litre (4 tasses) d'eau. Les mêmes proportions s'appliquent aux pâtes fraîches. On peut également pocher des fruits (poires, pêches, abricots, etc.) dans un sirop chaud. Voir la recette d'œuf poché à la page 237.

Bouillir : Action de porter un liquide à ébullition et d'y cuire des aliments.

Pocher et bouillir sont deux modes de cuisson similaires dont la différence est l'ébullition. Pocher se fait à frémissement.

Homard bouilli

Portion : 1

1	homard vivant	1
1,5 litre	eau	6 tasses
30 ml	sel	2 c. à table
2 ml	jus de citron	½ c. à thé

- Laver la carapace du homard à l'eau froide.

- Dans une grande casserole, porter l'eau à ébullition. Ajouter le sel et le jus de citron.

- Plonger le homard la tête première dans l'eau bouillante et cuire à couvert de 8 à 10 minutes par livre.

- Retirer le homard de la marmite et le plonger quelques secondes dans de l'eau glacée pour arrêter la cuisson (ne pas le laisser tremper trop longtemps, car il perdrait ainsi toute sa saveur).

- Décortiquer le homard et servir.

Plonger le homard la tête première   Retirer

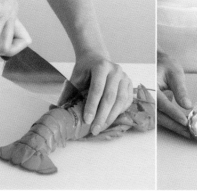

Enfoncer la pointe du couteau du centre jusqu'à la tête   Couper du centre à la queue   Retirer l'estomac   Enlever les pinces

Retirer la chair de la queue   Couper le dos de la pince avant   Avec la base du couteau, couper la pince   Retirer la chair

Coquilles de poisson poché

Portions : 4

250 ml	fumet de poisson (voir page 144)	1 tasse
10	grains de poivre entiers	10
750 g	filets de poisson blanc (sole, saint-pierre, morue, flétan, aiglefin) sans arête, au choix	1 ½ lb
60 ml	beurre doux	¼ tasse
2	échalotes ciselées	2
200 g	champignons coupés en quartiers	7 oz
30 ml	farine	2 c. à table
125 ml	crème 35 %	½ tasse
2	jaunes d'œufs	2
1 pincée	muscade moulue	1 pincée
15 ml	jus de citron	1 c. à table
45 ml	chapelure nature	3 c. à table
80 ml	fromage gruyère râpé	⅓ tasse
	sel et poivre fraîchement moulu	

- Dans un faitout bas, porter à ébullition le fumet de poisson. Ajouter le poivre.

- Bien rincer et éponger les filets de poisson. Saler et poivrer. Déposer les filets dans le fumet chaud et cuire à feu très doux jusqu'à ce que le poisson se défasse facilement.

- Retirer délicatement les filets de poisson du fumet et les réserver. Passer le fumet au chinois et le réserver également.

- Dans une petite casserole, faire suer au beurre les échalotes et les champignons. Cuire les légumes plusieurs minutes ou jusqu'à ce que les champignons ne rendent plus d'eau. Singer et laisser cuire 1 minute supplémentaire. Mouiller avec la crème et 1 tasse du fumet réservé. Bien brasser puis porter le liquide à ébullition. Réduire le feu et laisser mijoter quelques minutes.

- Saler et poivrer. Ajouter la muscade, le jus de citron et le poisson cuit. Mélanger les éléments en prenant bien soin de ne pas trop casser le poisson. Remplir des coquilles ou des plats à gratin de cette préparation, saupoudrer de chapelure et garnir de fromage.

- Placer les plats sous le gril du four et laisser gratiner. Servir bien chaud.

(i) Vous pouvez ajouter des fruits de mer à cette préparation en les faisant cuire dans le même fumet que les filets de poisson.

Poêler consiste à cuire des aliments dans un peu de matière grasse, accompagnés d'une garniture aromatique, en terminant par un court mouillement. Technique de cuisson qui tient aussi bien du rôtissage que du braisage, elle se fait généralement dans un poêlon, d'où son nom.

Poêler

Filets de porc, sauce aux bleuets et au citron

Portions : 4

2	filets de porc d'environ 340 g (12 oz) chacun	2
30 ml	huile d'olive	2 c. à table
30 ml	sucre blanc	2 c. à table
10 ml	eau	2 c. à thé
60 ml	bleuets surgelés, décongelés	1/4 tasse
30 ml	jus de citron frais	2 c. à table
60 ml	vin blanc sec	1/4 tasse
500 ml	demi-glace	2 tasses
	sel et poivre	
	citron cannelé (pour la décoration)	

- Parer les filets de porc en retirant à la main le gras qui couvre le filet. Retirer ensuite, à l'aide d'un couteau, la fine peau argentée (tissu conjonctif des muscles).

- Chauffer l'huile dans une sauteuse et y faire colorer les filets sur toutes les surfaces. Cuire au four chaud à 180 °C (350 °F) de 8 à 10 minutes. Retirer du four et réserver les filets au chaud sur une assiette en les couvrant de papier aluminium.

- Dans la même sauteuse, combiner le sucre et l'eau, en laissant le sucre cuire à feu vif jusqu'à l'obtention d'un beau caramel bien foncé.

- Déglacer avec le vin blanc et ajouter le jus de citron. Ajouter les bleuets avec leur jus (en réserver quelques-uns pour la décoration). À l'aide d'un fouet, bien dissoudre le caramel. Laisser ensuite réduire ce liquide du tiers, puis mouiller avec la demi-glace. Laisser réduire jusqu'à consistance désirée, puis rectifier l'assaisonnement.

- Pour servir les filets de porc, les couper d'abord en deux, puis couper chaque moitié de filet en trois ou quatre tranches. Verser un peu de sauce sur les assiettes, puis y déposer les filets. Décorer d'un morceau de citron cannelé et de quelques bleuets réservés.

Rôtir

Rôtir un aliment, c'est le cuire directement à la chaleur, sans humidité, au four ou à la broche. Il s'agit d'une version de la cuisson par saisissement avec coloration : cuisson par concentration.

Rôtir au four :

Préchauffer le four à 240 °C (475 °F). Huiler légèrement la pièce de viande. Bien saisir de tous les côtés sur le feu ou directement au four, de manière à conserver les sucs à l'intérieur. Après coloration, réduire le feu à environ 160 °C (325 °F) et arroser la pièce avec son propre jus. Déposer, si désiré, une mirepoix ou un oignon et de l'ail autour de la pièce de viande. Les viandes blanches et les poissons doivent cuire plus doucement, soit à environ 150-180 °C (300-350 °F), pour ne pas se dessécher.

Rôtir à la broche :

Les pièces de viande cuites à la broche sont souvent plus savoureuses pour deux raisons : elles ne baignent jamais dans leur graisse, mais la laissent plutôt s'égoutter doucement. La chaleur circule uniformément autour de la pièce.

TEMPÉRATURES INTERNES (AU CENTRE) RECOMMANDÉES POUR LA CUISSON DES VIANDES, DES VOLAILLES ET DES POISSONS

VIANDE	TEMPÉRATURE	CUISSON
Bœuf, veau, agneau non piqué	63 °C (145 °F)	Saignant
	70 °C (158 °F)	À point
	77 °C (170 °F)	Bien cuit
Porc		
Rôti, côtelettes	70 °C (158 °F)	Rosé
Jambon à cuire	77 °C (170 °F)	Bien cuit
Saucisses fraîches	70 °C (158 °F)	
Volaille		
Entière	82 °C (180 °F)	Le jus est clair. La viande est tendre et les cuisses se détachent facilement.
Pièce	77 °C (170 °F)	
Hachée, farcie	74 °C (165 °F)	
Viandes hachées		
Toutes les viandes hachées (sauf les volailles), piquées et attendries	70 °C (158 °F)	Le centre de la viande est bien cuit et les jus sont clairs.
Poisson		
Entier, en tranches	63 °C (145 °F)	La couleur est uniforme et opaque. La chair se défait facilement.
Émincé	68 °C (154 °F)	

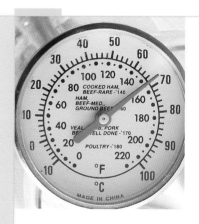

Ces températures sont recommandées par le ministère de l'Agriculture. Pour les viandes rouges, il est suggéré de les retirer de la source de chaleur lorsqu'elles atteignent une température inférieure de 20 °C (35 °F) à la température de cuisson recherchée.

Poulet rôti aux fines herbes et son jus

Portions : 4

1	poulet à rôtir de 2 à 2,5 kg (4 à 5 lb)	1
1	carotte moyenne pelée et coupée en mirepoix	1
1	petit oignon coupé en mirepoix	1
1	branche de céleri coupée en mirepoix	1
1	tige de thym frais	1
1	tige de romarin frais	1
15 ml	huile	1 c. à table
125 ml	vin blanc	½ tasse
250 ml	fond blanc de volaille (voir page 143)	1 tasse
	sel et poivre	

- Préchauffer le four à 180 °C (350 °F).

- Rincer le poulet sous l'eau froide. Retirer les abattis de la cavité ventrale et les réserver pour d'autres préparations, si désiré.

- Saler et poivrer généreusement l'intérieur de la volaille et farcir celle-ci à l'aide des légumes préparés, du thym et du romarin. Brider le poulet de manière à lui donner une forme régulière et à maintenir la farce de légumes à l'intérieur de la cavité.

- Badigeonner la peau du poulet avec l'huile, assaisonner et déposer dans une rôtissoire.

- Mettre au four et cuire 1 h 30 environ ou jusqu'à ce que la température interne indique 82 °C (180 °F). Arroser le poulet régulièrement avec son gras, pour éviter qu'il ne se dessèche. Au terme de la cuisson, retirer le poulet du four et le déposer sur une assiette.

- Dégraisser légèrement la rôtissoire et la déposer sur le rond de la cuisinière à feu doux. Déglacer avec le vin blanc et le fond de volaille. Gratter à l'aide d'une cuillère de bois jusqu'à ce que tous les sucs soient dissous. Laisser mijoter et réduire quelques minutes, assaisonner au goût. Passer au tamis fin et réserver.

- Débrider puis détailler la volaille en huit morceaux en levant les cuisses et les poitrines. Servir accompagné du jus de cuisson chaud.

(i) Pour prendre la température de la volaille, piquez un thermomètre dans la chair entre la cuisse et la poitrine. Attention de ne pas toucher les os. Le jus qui s'écoulera du poulet à la bonne température, 82 °C (180 °F), sera clair et non rosé.

Prenez note que le thermomètre à lecture instantanée ne doit pas être laissé dans la volaille pendant la cuisson.

Brider

Rôti de bœuf au jus

Portions : 6

30 ml	huile végétale	2 c. à table
1,25 kg	rôti d'intérieur de ronde de bœuf	2 ½ lb
1	carotte émincée	1
1	branche de céleri émincée	1
1	oignon émincé	1
75 ml	vin rouge	5 c. à table
250 ml	de fond brun de veau, non lié ou d'eau (voir page 145)	1 tasse
1	bouquet garni	1
2	gousses d'ail hachées	2
	sel et poivre	

- Préchauffer le four à 220 °C (425 °F).

- Chauffer l'huile dans une poêle ou dans une rôtissoire.

- Assaisonner la viande, la saisir et la colorer sur toutes ses faces.

- Transférer la viande dans une rôtissoire et continuer la cuisson au four pendant 10 minutes. Baisser la température à 180 °C (350 °F) et poursuivre jusqu'à la cuisson désirée. Retourner la viande toutes les 10 minutes et l'arroser régulièrement. Vérifier la température. Retirer la viande du four et l'envelopper dans du papier aluminium. Laisser reposer la viande.

- Faire une mirepoix avec les légumes et l'ajouter à la rôtissoire. Remettre au four et laisser colorer légèrement pendant 10 à 15 minutes. Retirer du four, déposer sur la plaque de cuisson et dégraisser, si nécessaire.

- Faire caraméliser les sucs, déglacer au vin rouge puis mouiller avec le fond brun ou l'eau. Ajouter le bouquet garni et l'ail, puis cuire 5 minutes. Passer au tamis et rectifier l'assaisonnement.

- Servir tranché et accompagné de son jus.

(i) Le temps de cuisson variera selon l'épaisseur de la pièce de viande. Pour les températures de cuisson, consultez la page 228.

Saisir de tous les côtés   Vérifier la température   Ajouter la mirepoix

Déglacer   Mouiller   Passer   Trancher

Jus de rôtis

Le secret pour réussir de bons jus réside dans les sucs qui se retrouvent au fond de la rôtissoire. Un rôti cuit adéquatement aura rendu assez de sucs qui, déglacés, produiront un merveilleux jus.

Pour produire un jus de rôti, transférer d'abord la viande dans un plat ou une assiette pour la laisser reposer. Dégraisser la rôtissoire en la décantant. Ajouter une mirepoix fine, si désiré, ou récupérer la mirepoix de la cuisson, le cas échéant. Pincer les sucs en plaçant la rôtissoire sur le feu, mais en prenant soin de ne pas brûler la mirepoix ni les sucs de la viande, ce qui donnerait un goût amer à votre jus. Déglacer à l'eau sur feu moyen et laisser réduire de moitié en grattant à la cuillère pour dissoudre les sucs. Passer le liquide pour retirer la mirepoix et les morceaux indésirables. Assaisonner et monter au beurre, si désiré.

Sauter signifie cuire entièrement, à la sauteuse ou au wok et dans un corps gras porté à haute température, toute pièce de faible volume et de première qualité. Il s'agit de saisir les fibres extérieures afin d'intensifier les saveurs et les arômes, et d'emprisonner les sucs à l'intérieur. La grandeur de la sauteuse sera proportionnelle à celle des morceaux à sauter, et la viande traitée sera préalablement amenée à la température ambiante. Il importe de contrôler l'intensité de la chaleur de façon à ne pas brûler le corps gras, la pièce de viande ou les sucs qui se déposent dans le fond de la sauteuse.

Sauter

Crevettes sautées

Portions : 4

30 ml	huile d'arachide	2 c. à table
24	crevettes de grosseur 21-25, décortiquées et déveinées	24
1/2	poivron rouge coupé en julienne	1/2
1/2	poivron vert coupé en julienne	1/2
1/2	oignon émincé	1/2
5 ml	ail haché	1 c. à thé
10 ml	persil frais, haché	2 c. à thé
15 ml	sauce mirin	1 c. à table
15 ml	sauce soya	1 c. à table
10 ml	graines de sésame	2 c. à thé

- Chauffer le wok et ajouter l'huile.

- Saisir les crevettes en les brassant vivement de 1 à 2 minutes.

- Sauter rapidement les légumes dans le wok, en les brassant vivement de 1 à 2 minutes. Ajouter l'ail, le persil, la sauce mirin et la sauce soya. Terminer en ajoutant les graines de sésame.

- Servir immédiatement.

Saisir   Sauter

Les œufs

Puisqu'ils sont composés d'eau, de matières grasses et de protéines, les œufs remplissent plusieurs fonctions. Ils servent à faire lever les gâteaux et autres pâtisseries, car les bulles d'air emprisonnées dans les œufs moussés gonflent sous l'effet de la chaleur. Ils ajoutent de la couleur, de la saveur et de la richesse, en plus d'être un élément nutritif intéressant.

Œufs brouillés

Portion : 1

15 ml	beurre	1 c. à table
3	œufs	3
	sel et poivre	
15 ml	crème 35 %	1 c. à table

- Chauffer une casserole à feu moyen et y faire fondre le beurre.

- Casser les œufs dans la casserole et les battre continuellement jusqu'à leur coagulation partielle. Assaisonner et ajouter la crème.

- Retirer du feu et servir.

Casser les oeufs   Battre   Coagulation

Œuf poché

Portion : 1

1 litre	eau	4 tasses
45 ml	vinaigre blanc	3 c. à table
1	œuf	1
	sel et poivre	

- Verser l'eau et le vinaigre dans une casserole. Amener à frémissement et baisser le feu juste avant l'ébullition.

- Casser l'œuf dans un petit bol. Le verser délicatement dans le liquide chaud, en faisant un tourbillon. Cuire 4 minutes.

- Retirer l'œuf à l'aide d'une écumoire. Éponger sur un papier absorbant et dresser.

- Assaisonner au service.

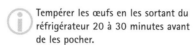 Tempérer les œufs en les sortant du réfrigérateur 20 à 30 minutes avant de les pocher.

Faire tourner l'eau à l'aide d'une cuillère pour faire un petit tourbillon avant de verser l'œuf dans l'eau frémissante.

Ébarber pour une plus belle présentation.

Techniques et recettes

Frémissement   Verser   En tourbillon   Retirer

Omelette baveuse

Portion : 1

3	œufs	3
30 ml	beurre	2 c. à table
20 ml	ciboulette fraîche, hachée	4 c. à thé
	sel et poivre	

- Casser et battre les œufs en assaisonnant au goût.

- Chauffer une poêle à feu vif et y faire fondre le beurre. Verser les œufs en brassant constamment jusqu'à coagulation du fond. Baisser le feu et finir de cuire sans brasser, tout en évitant une coloration excessive.

- Déposer la ciboulette sur l'omelette. Plier et rouler l'omelette, et la renverser dans un plat de service. Servir.

Techniques et recettes

| Verser | Coagulation | Plier | Rouler |

Quiche aux poireaux

Portions : 4

3	blancs de poireaux	3
30 ml	beurre	2 c. à table
3	œufs	3
250 g	pâte brisée	8 oz
125 ml	lait	½ tasse
125 ml	crème 35 %	½ tasse
1 pincée	muscade moulue	1 pincée
100 g	gruyère, emmental ou suisse râpé	3 ½ oz
	sel et poivre	

- Laver et émincer les poireaux. Les faire suer au beurre, puis assaisonner légèrement de sel et de poivre. Laisser cuire à couvert de 10 à 15 minutes à feu très doux, sans coloration (si nécessaire, ajouter un peu d'eau pour empêcher les poireaux de coller). Refroidir.

- Abaisser la pâte et foncer un moule à quiche.

- Battre le lait, la crème, la muscade et les œufs dans un bol. Assaisonner.

- Garnir l'abaisse des poireaux et du fromage râpé, puis y verser la préparation aux œufs.

- Cuire dans la partie du bas d'un four préchauffé à 200 °C (400 °F) pendant 15 minutes. Abaisser la température à 180 °C (350 °F) et terminer la cuisson pendant 10 à 15 minutes.

- Réserver ou servir chaud.

(i) **L'appareil doit toujours être froid avant d'être versé dans l'abaisse.**

Techniques et recettes

Déposer la pâte sur le moule

Foncer

Garnir

Les pâtes

Inspiration intarissable des cuisiniers, les pâtes s'habillent de produits raffinés pour les grands soirs ou se dégustent dans leur plus simple appareil.

Des cheveux d'ange aux tagliatelles, elles se métamorphosent d'un plat à l'autre. Les toutes menues se glissent parfois dans nos soupes ; d'autres, recourbées ou creuses, retiennent les sauces ou de goûteuses farces.

Utilisez aussi les recettes de la section « Les sauces » pour vous inspirer.

Pâtes fraîches

Rendement : 500-600 g / 20 oz

310 g	semoule de blé	1 ¹/₄	tasse
180 g	farine	³/₄	tasse
15 ml	sel	1 c. à table	
5	œufs	5	
45 ml	huile d'olive	3 c. à table	
	farine pour pétrir		

- Mettre la farine, la semoule de blé et le sel dans le bol du robot culinaire, puis mélanger.

- Ajouter les œufs et l'huile, puis mélanger de nouveau pour obtenir une texture assez ferme. Retirer la pâte du robot et la pétrir sur une surface enfarinée pendant quelques minutes ou jusqu'à ce que la pâte soit parfaitement lisse et qu'elle soit un peu élastique.

- Réfrigérer au moins 30 à 40 minutes.

- Diviser la pâte et la façonner en utilisant un rouleau à pâte ou un laminoir. Découper ensuite la pâte laminée selon vos besoins.

ⓘ Vous pouvez aussi préparer les pâtes fraîches avec 75 % de farine de blé entier et 25 % de farine blanche non raffinée. Vous devrez toutefois ajuster la quantité d'œufs à la hausse, car les farines entières sont plus absorbantes.

TABLEAU DES TEMPS DE CUISSON DES PÂTES SÈCHES *AL DENTE*

PÂTES	TEMPS DE CUISSON	PÂTES	TEMPS DE CUISSON
Orzo (potage)	3 minutes	Rotini	5-6 minutes
Capelli (cheveux d'ange)	3-4 minutes	Spaghetti	5-6 minutes
Vermicelli	3-4 minutes	Tagliatelle	5-6 minutes
Coquillettes	4-5 minutes	Bucatini	6-7 minutes
Linguine	4-5 minutes	Ziti	6-7 minutes
Spaghettini	4-5 minutes	Macaroni	6-7 minutes
Lasagne	5 minutes	Penne	6-7 minutes
Cannelloni	5 minutes	Rigatoni	6-7 minutes
Farfalle	5-6 minutes	Fusilli	6-7 minutes
Fettucine	5-6 minutes		

Cuisson des pâtes alimentaires *al dente*

Portion : 1

1 litre	eau	4 tasses
15 ml	sel	1 c. à table
100 g	pâtes alimentaires au choix	3 ½ oz

- Dans une marmite, porter l'eau à ébullition. Ajouter le sel.

- Faire tomber les pâtes dans l'eau bouillante et brasser pour éviter qu'elles ne collent.

- Retirer du feu à la fin de la cuisson, égoutter et servir avec un accompagnement au choix.

Ne rincez jamais les pâtes après la cuisson. Plutôt, huilez-les légèrement après cuisson pour éviter qu'elles ne collent.

Pour chaque portion supplémentaire de 100 g (3 ½ oz), ajoutez 1 litre (4 tasses) d'eau.

Utilisez les pinces pour égoutter lorsque vous ajoutez les pâtes à la sauce, mais égouttez à la passoire si vous ajoutez la sauce sur les pâtes.

Faire tomber les pâtes

Brasser

Égoutter

Huiler selon l'utilisation

Techniques et recettes

Pâte à pizza et à focaccias

Rendement : 4 pizzas ou 4 focaccias de 25 à 30 cm / 10 à 12 po

8 g (30 ml)	levure sèche active	2 c. à table
2 ml	sucre	½ c. à thé
250 ml	eau tiède	1 tasse
15 ml	huile d'olive extra vierge	1 c. à table
15 ml	sel	1 c. à table
625 g	farine tout usage ou à pain	3 tasses
	huile d'olive (pour badigeonner le bol et la plaque)	

- Dans un grand bol, dissoudre la levure dans 50 ml (3 c. à table + 1 c. à thé) d'eau tiède et ajouter le sucre. Réserver environ 10 minutes.

- Lorsque le mélange commence à former des bulles, ajouter l'huile d'olive, le sel et le reste de l'eau tiède. Ajouter ensuite la farine et l'incorporer graduellement. Bien fraiser.

- Mettre la pâte sur une surface enfarinée et bien la pétrir et la rabattre jusqu'à ce qu'elle devienne homogène et lisse.

- Déposer dans un bol huilé et couvrir d'une pellicule plastique. Faire lever dans un endroit tiède pendant au moins 1 heure ou jusqu'à ce que la pâte double de volume.

- Crever et pétrir légèrement.

- Pour utilisation immédiate : laisser reposer la pâte quelques minutes et la diviser en quatre parties égales.

- Pour utilisation ultérieure : diviser la pâte en quatre parties égales et faire des boules. Déposer sur une plaque huilée, couvrir d'une pellicule plastique et réfrigérer.

- Abaisser la pâte sur une surface enfarinée en quatre cercles de 25 à 30 cm (10 à 12 po). Garnir au goût et cuire au four de la façon suivante : chauffer le four à 260 °C (500 °F), y réchauffer une pierre à pizza pendant 30 minutes sur la grille du bas, déposer ensuite la pizza ou la focaccia sur la pierre et cuire environ 6 à 7 minutes à la même température.

 Pour congeler la pâte, utilisez de l'eau froide et doublez la quantité de levure, car la congélation en diminue l'effet. La congélation se fait avant de faire lever la pâte. La durée maximale de congélation est d'un mois.

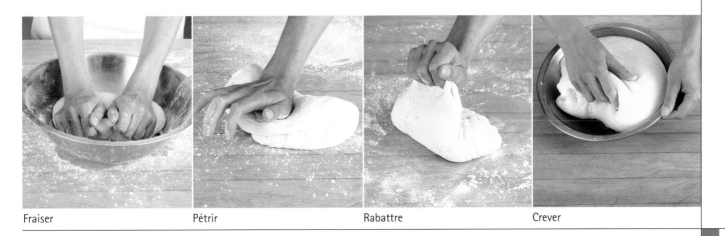

Fraiser   Pétrir   Rabattre   Crever

Bouler   Abaisser

Riz à la créole

Portions : 4

500 ml	eau froide ou fond blanc de volaille froid (voir page 143)	2 tasses
250 ml	riz à grains longs	1 tasse
	sel et poivre	
15 ml	beurre (facultatif)	1 c. à table

- Dans une casserole, porter l'eau ou le fond blanc de volaille à ébullition.

- Ajouter le riz et brasser, puis laisser le liquide revenir à ébullition tout en brassant.

- Réduire le feu au minimum puis laisser cuire à couvert 20 minutes sans jamais lever le couvercle.

- Retirer le couvercle à la fin de la cuisson et assaisonner le riz. Ajouter le beurre, si désiré, et bien égrainer le riz à la fourchette juste avant de le servir.

Si vous n'êtes pas prêt à servir le riz lorsque celui-ci est cuit, laissez-le reposer à couvert une quinzaine de minutes.

Il existe une autre méthode de cuisson pour le riz à la créole, qui consiste à le cuire dans une grande quantité d'eau bouillante selon la méthode des pâtes alimentaires, à découvert et à feu vif, jusqu'à ce qu'il soit prêt, mais encore ferme sous la dent (*al dente*). Cette méthode est efficace pour cuire une grande quantité de riz que l'on réserve à des salades ou que l'on veut conserver en vue d'une utilisation ultérieure.

Riz pilaf

Portions : 4

30 ml	beurre	2 c. à table
1	petit oignon ciselé	1
180 ml	riz à grains longs	3/4 tasse
250 ml	fond blanc de volaille chaud (voir page 143)	1 tasse
1	bouquet garni	1
	sel et poivre	

- Dans une petite casserole, faire suer au beurre les oignons (sans coloration).

- Ajouter le riz et bien mélanger.

- Mouiller avec le fond blanc, assaisonner et amener à ébullition. Ajouter le bouquet garni. Couvrir et cuire au four préchauffé à 180 °C (350 °F) pendant 20 minutes.

- Retirer du four, égrainer avec une fourchette et enlever le bouquet garni.

- Servir.

Suer les oignons et ajouter le riz   Mouiller   Ajouter le bouquet garni

Pesto

Rendement : 410 ml / 1 ²/₃ tasse

2	gousses d'ail	2
45 ml	pignons	3 c. à table
30 ml	fromage romano ou parmesan râpé	2 c. à table
250 ml	basilic frais, lavé	1 tasse
80 ml	huile d'olive extra vierge	¹/₃ tasse

- Au robot culinaire, broyer l'ail, les pignons et le fromage.

- Ajouter les feuilles de basilic.

- Ajouter de l'huile d'olive en filet et activer le robot de 3 à 4 minutes.

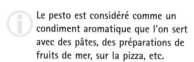 Le pesto est considéré comme un condiment aromatique que l'on sert avec des pâtes, des préparations de fruits de mer, sur la pizza, etc.

Il se garde au réfrigérateur de 2 à 3 semaines. Pour mieux en conserver la saveur, ajoutez de l'huile d'olive sur le dessus avant de le réfrigérer.

Pour le servir avec des pâtes alimentaires, faites cuire les pâtes *al dente* (voir recette page 242), égouttez-les légèrement et mélangez-les au pesto.

Robot culinaire

Pesto à la coriandre et aux graines de citrouille

Rendement : 500 ml / 2 tasses

60 g	graines de citrouille grillées	2 oz
6	gousses d'ail	6
1/2 à 1	bouquet de coriandre fraîche, sans tiges	1/2 à 1
10 à 12	feuilles d'épinards frais, sans tiges (facultatif)	10 à 12
250 ml	huile d'olive	1 tasse
80 ml	parmesan râpé ou	1/3 tasse
45 ml	chacun de parmesan et de pecorino râpés	3 c. à table
	poivre fraîchement moulu	

- Au robot culinaire ou au mortier, réduire en purée les graines de citrouille, l'ail, la coriandre et les épinards. Ajouter l'huile en filet. Terminer avec le poivre et le fromage.

- Réfrigérer ou placer au congélateur dans de petits contenants.

- Servir sur des pâtes ou sur des croûtons maison garnis d'une tranche de bocconcini et passés rapidement au four.

Si vous désirez congeler un pesto, omettez le fromage afin de lui conserver sa couleur verte. Vous ajouterez le fromage après la décongélation, au moment de servir.

Si vous le servez sur des pâtes, utilisez un peu d'eau de cuisson de ces dernières pour le délayer avant de le mélanger aux pâtes.

Techniques et recettes

Mortier

Tapenade classique

Portions : 4

90 g	olives kalamata dénoyautées	3 oz
90 g	olives vertes dénoyautées	3 oz
30 ml	persil frais, haché	2 c. à table
	poivre au goût	
30 ml	huile d'olive	2 c. à table
15 ml	jus de citron	1 c. à table
30 ml	câpres	2 c. à table
10 ml	moutarde de Dijon (facultative)	2 c. à thé
3	filets d'anchois	3
	ou	
15 ml	pâte d'anchois	1 c. à table

- Réunir tous les ingrédients au robot culinaire et les hacher grossièrement.

- Réfrigérer.

La tapenade peut être préparée plusieurs heures à l'avance et conservée quelques semaines au réfrigérateur.

La tapenade est parfaite pour assaisonner pâtes, poissons ou viandes grillées. Pour des bouchées rapides et délicieuses, utilisez-la pour garnir des croûtons ou farcir des tomates cerises, des petites courges et des champignons. Incorporée aux farces, elle donnera une saveur méditerranéenne. Dans une purée de pommes de terre ou en décoration d'un potage, elle ajoutera une touche d'exotisme.

Pâte verte de curry à la thaïlandaise

Rendement : environ 250 ml/1 tasse

10 ml	graines de coriandre entières	2 c. à thé
7 ml	graines de cumin entières	1 ½ c. à thé
2 ml	grains de poivre noir entiers	½ c. à thé
5 ml	pâte de crevettes	1 c. à thé
4 à 6	piments thaïlandais verts, épépinés	4 à 6
5	oignons verts grossièrement coupés	5
2,5 cm	gingembre haché grossièrement	1 po
6	gousses d'ail	6
½ botte	coriandre fraîche, hachée grossièrement	½ botte
3	feuilles de citron kaffir	3
1	tige de citronnelle hachée finement	1
15 ml	zeste de limette	1 c. à table
5 ml	sel	1 c. à thé
15 ml	huile végétale	1 c. à table

- Placer les épices dans un poêlon et les faire griller une dizaine de minutes à feu vif. Les déposer dans un mortier ou dans un robot, puis bien les pulvériser.

- Emballer la pâte de crevettes dans un petit morceau de papier aluminium et placer la papillote dans le poêlon ayant servi à griller les épices. Cuire quelques minutes afin que les arômes se développent. Ajouter la pâte de crevettes aux épices et poursuivre le pilonnage.

- Ajouter les piments, les oignons verts, le gingembre, l'ail et continuer de piler la préparation. Ajouter ensuite la coriandre fraîche, le kaffir, la citronnelle et le zeste de limette. Saler. Poursuivre le processus de pilonnage jusqu'à ce que la pâte soit assez uniforme. Terminer avec l'huile.

- Placer la pâte de curry dans un petit contenant et la conserver au réfrigérateur ou au congélateur.

La pâte de curry est une préparation très épicée. Ne modifiez pas la quantité de piments forts, car cela détruirait l'équilibre de la préparation. Pour rendre moins piquants les plats assaisonnés de cette pâte de curry, il suffit de réduire la quantité utilisée ou d'ajouter du lait de coco ou de la crème 35 %.

La pâtisserie

Voici les recettes de base en pâtisserie qui vous permettront de réaliser plusieurs desserts dérivés. La pâte brisée, quand à elle, peut faire autant de quiches ou de tartes qu'il y a de légumes ou de petits fruits. Laissez aller votre imagination, mais maîtrisez d'abord les bases, tout simplement.

Connaître les ingrédients (matières premières) et leurs fonctions

Le sucre et autres matières sucrantes

En pâtisserie, le sucre remplit plusieurs fonctions importantes. Il apporte la douceur nécessaire aux pâtisseries. Il sert de nourriture aux levures. On l'utilise pour confectionner divers types de glaçage. Élément important dans le crémage du beurre et dans le fouettage de blancs d'œufs ou de crème, il est responsable de la texture et de la granulométrie des biscuits. Il aide à retenir l'humidité dans les aliments, ce qui préserve leur fraîcheur, et il contribue à la coloration des croûtes. Finalement, c'est une source d'hydrate de carbone.

Il importe de connaître les effets du sucre sur la cuisson avant de le remplacer ou de changer de type de matière sucrante. Le sucre blanc aidera à l'affaissement des biscuits, tandis que le sucre brun empêchera ce phénomène tout en ajoutant une touche de couleur supplémentaire. La mélasse colorera les aliments et, tout comme le miel, elle contient une certaine quantité d'eau dont il faut tenir compte. L'aspartame et les autres édulcorants possèdent un pouvoir sucrant de 150 à 200 fois plus grand que le sucre; toutefois, ces matières peuvent devenir nocives pour la santé lorsqu'elles sont chauffées.

Les farines

La farine est une matière moulue obtenue lorsque sont broyés des grains de blé ou de diverses autres céréales. La farine, de façon générale, est la charpente des pâtisseries. Elle agit à titre de ciment pour donner aux gâteaux et aux autres pâtisseries la structure nécessaire pour les empêcher de s'affaisser.

Les divers types de farine utilisés auront des effets différents sur les préparations. La farine de blé est offerte dans la gamme suivante : farine tout usage, à pain (farine forte), à pâtisserie (farine faible, contenant peu de gluten), de blé entier et préparée (contenant poudre à pâte et bicarbonate de soude).

À part le blé, une variété de céréales servent à produire diverses farines telles la farine de riz, de soya, de kamut, de millet, d'épeautre, etc. Ces dernières offrent un goût différent et plus d'avantages nutritionnels.

Il est important, lorsqu'on cherche à remplacer la farine blanche par une de ces farines intégrales, de faire des essais ou des mélanges afin d'alléger certaines des farines qui sont très lourdes.

Toute farine entière ou intégrale doit être gardée au réfrigérateur dans un contenant hermétique afin d'en prolonger la durée de conservation. De plus, il est préférable d'en acheter de petites quantités à la fois.

Les corps gras

L'utilisation de matières grasses en pâtisserie est presque indispensable pour plusieurs gâteaux ou biscuits. Bien que certains gras puissent être remplacés par d'autres, il faut comprendre quel type de gras est utilisé et à quoi il sert.

Le saindoux et le shortening sont des corps gras produits à partir de plusieurs huiles végétales et de gras animal, fondus, hydrogénés et émulsionnés. Ils peuvent être très solides (comme du beurre très froid) ou plutôt mous (comme de la margarine). Ils remplacent souvent le beurre dans des préparations comme la crème au beurre et certains gâteaux.

L'huile végétale est utilisée principalement dans les pâtes (gâteaux, pains). Elle est généralement utilisée dans les appareils contenant beaucoup de liquide.

L'huile d'arachide est incolore, mais elle donne un léger goût de noix aux produits dans lesquels elle est ajoutée. La saveur de l'huile de soya et de l'huile de maïs n'est pas aussi prononcée, mais ces dernières colorent légèrement les aliments. Finalement, l'huile de canola est celle qui donnera le moins de goût aux aliments et elle est également très neutre du point de vue de la couleur.

Le beurre est aussi utilisé en pâtisserie, toutefois il contient 20 % d'eau. Il est donc important, s'il est remplacé par du shortening, de réduire d'environ 15 % la quantité demandée. Le beurre salé peut être utilisé à la condition que la recette exige du sel ; il faut alors omettre le sel puisqu'il est fourni par le beurre.

La margarine n'est pas recommandée, sauf s'il s'agit d'une margarine spécialement formulée pour la pâtisserie (disponible en industrie seulement).

Four à convection ou four conventionnel

Les progrès technologiques nous ont apporté les fours à convection. Toutefois, contrairement à ce que les vendeurs d'appareils ménagers prétendent souvent, le four à convection ne peut pas tout faire. Aussi, la convection (la circulation de la chaleur autour d'un aliment) se fait de façon naturelle dans un appareil conventionnel. Un four à convection est muni d'un petit ventilateur qui force la circulation, ce qui accélère la cuisson, mais cette circulation apporte d'autres effets, qui influencent aussi le résultat final.

Les fours à convection cuisent très bien toutes les pâtisseries à pâte levée (pain, gâteau, muffins), cuisent rapidement et uniformément les tartes, les tourtières, les pâtés à la viande et les biscuits. Il n'est toutefois pas l'outil idéal pour les confections de pâte à choux, puisque celles-ci suivent le courant d'air et ne lèvent pas d'une manière droite. La pâte feuilletée lève elle aussi de façon irrégulière dans un four à convection : le côté exposé directement au ventilateur lève en premier et bloque une partie de la chaleur, le feuilleté sera donc plus haut d'un côté que de l'autre.

Le four à convection doit être préchauffé tout comme le four conventionnel. Toutefois, il faut réduire la température de 15 °C (25 °F) par rapport à ce que demande la recette, et le temps de cuisson risque lui aussi d'être plus court. Il faut surveiller attentivement les préparations afin d'apporter les ajustements nécessaires aux recettes.

Importance des poids et des mesures

Pour cuisiner, mesurer les différents ingrédients nécessaires à la préparation des plats est essentiel même si, fréquemment, des cuisiniers préparent des plats, des sauces ou des potages en mesurant « à l'œil ». Cependant, en pâtisserie, il est impératif de mesurer ou de peser précisément les ingrédients requis.

Le goût, la texture ou la couleur d'une sauce ou d'un potage peuvent être facilement rectifiés après cuisson, ce qui n'est pas le cas d'un gâteau ou d'une pâte brisée. Bien que l'équilibre organoleptique soit important dans tout plat, en pâtisserie il est en plus question d'équilibre physicochimique. La balance remplacera donc les outils tels que les tasses à mesurer ou les cuillères à table et à thé dans beaucoup de recettes. La standardisation de vos recettes familiales vous rendrait la vie plus facile et vous garantirait des résultats constants.

Pâte à choux

Rendement : environ 24 choux moyens

125 ml	eau	1/2 tasse
125 ml	lait	1/2 tasse
100 g	beurre	3 1/2 oz
5 ml	sel	1 c. à thé
10 ml	sucre (pour la réalisation de pâtisserie seulement)	2 c. à thé
100 g	farine tout usage	3 1/2 oz
7 ou 8	œufs	7 ou 8

- Porter l'eau, le lait, le beurre, le sel et le sucre (si nécessaire) à ébullition. Retirer du feu.

- Ajouter la farine d'un seul coup et brasser très vivement à l'aide d'une cuillère de bois afin d'obtenir une pâte homogène (panade). Remettre sur un feu doux et faire dessécher la panade quelques minutes. Brasser constamment jusqu'à ce que la panade prenne une apparence huileuse.

- Transférer la panade dans un grand bol et, à l'aide de la cuillère de bois, la brasser de nouveau afin de la faire refroidir plus rapidement. Lorsque la panade aura refroidi, ajouter les œufs*, un à un, en prenant soin de bien mélanger entre chaque addition. L'œuf doit être complètement absorbé avant d'en ajouter un autre.

- Préchauffer le four à 230 °C (450 °F).

- Dresser la pâte à choux à l'aide d'une poche à pâtisserie sur une plaque. Cuire au four 10 minutes, puis abaisser la température à 160 °C (325 °F) pour terminer la cuisson**.

* La quantité d'œufs à ajouter dépend du dessèchement de la panade. Le résultat recherché est une pâte encore assez consistante, mais très brillante. Il faut parfois ajouter la moitié d'un œuf à la panade pour obtenir le résultat désiré. Une pâte trop liquide donnera des pâtisseries qui s'affaisseront, tandis qu'une pâte trop épaisse donnera des pâtisseries très denses.

** La durée de cuisson de la pâte à choux pendant la deuxième phase dépend de la grosseur des pièces dressées. Environ 10 minutes.

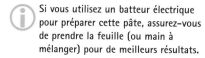 Si vous utilisez un batteur électrique pour préparer cette pâte, assurez-vous de prendre la feuille (ou main à mélanger) pour de meilleurs résultats.

Variantes

Choux Chantilly : de forme ronde, ils sont coupés en deux dans le sens de l'épaisseur et farcis de crème Chantilly (voir page 266). Finissez ceux-ci en saupoudrant le chapeau de sucre à glacer.

Éclairs au chocolat : dressés (couchés) en forme allongée, ils sont fourrés de crème pâtissière ou autre. Vous pouvez les farcir en perçant un trou à une extrémité ou en les coupant en deux dans le sens de l'épaisseur. Ils sont ensuite glacés au fondant de chocolat, de café ou d'érable, au choix.

Fondre le beurre

Ajouter la farine

Brasser

Transférer dans un bol

Consistance

Dresser

Couper en deux

Fourrer

Poudrer

Pâte brisée

Rendement : 2 abaisses de 23 cm / 9 po

300 g	farine tout usage	10 oz
150 g	graisse (de type végétal ou animal)	5 oz
5 ml	sel	1 c. à thé
+ ou - 125 ml eau froide		+ ou - 1/2 tasse

- Dans un grand bol, mélanger la farine et la graisse. Bien sabler avec un coupe-pâte, sans trop mélanger.

- Dissoudre le sel dans l'eau froide et l'incorporer graduellement à la farine jusqu'à ce que la consistance soit homogène (surtout ne pas trop travailler la pâte).

- Envelopper dans une pellicule plastique et réfrigérer pendant quelques heures (24 heures maximum) avant d'utiliser.

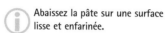 Abaissez la pâte sur une surface lisse et enfarinée.

La pâte ne doit être ni trop molle, ni trop dure.

Une pâte trop pétrie durcit à la cuisson.

La quantité d'eau froide à utiliser peut varier. Évitez de trop mouiller la pâte.

Sabler | Dissoudre le sel | Mélanger et former une boule | Envelopper

Abaisser

Enfariner | Abaisser, sans retourner la pâte, sur une surface lisse et enfarinée

Enrouler sur le rouleau

Tarte aux pommes classique

Rendement : 1 tarte de 23 cm / 9 po

5	pommes fermes (Cortland, Braeburn) pelées, épépinées et coupées en quartiers	5
15 ml	farine tout usage	1 c. à table
75 ml	cassonade	5 c. à table
2 ml	cannelle moulue	1/2 c. à thé
1 pincée	muscade moulue	1 pincée
1 pincée	sel	1 pincée
250 g	pâte brisée (voir page 258)	8 oz
1	œuf battu	1
30 ml	sucre	2 c. à table

- Préchauffer le four à 190 °C (375 °F).

- Déposer les pommes dans un grand bol et ajouter la farine, la cassonade, la cannelle et la muscade en mélangeant. Ajouter une pincée de sel et continuer à mélanger pour bien enrober les pommes.

Mélanger

- Diviser la pâte en deux parties*. Sur une surface enfarinée, abaisser les deux pâtes à une épaisseur de 3 à 5 mm (1/8 à 1/4 po).

- Foncer le fond d'une assiette à tarte de 23 cm (9 po) de diamètre d'une première abaisse et y déposer la garniture de pommes.

- À l'aide d'un pinceau, badigeonner d'œuf battu le pourtour de la première abaisse.

- Plier en deux la seconde abaisse et pratiquer 4 incisions en diagonale au centre (faire une cheminée). Déposer sur la préparation de pommes de façon à bien la recouvrir. Denteler les bords à l'aide des doigts.

- Badigeonner d'œuf battu toute la surface de la tarte. Saupoudrer de sucre.

- Cuire au centre du four de 35 à 40 minutes ou jusqu'à ce que la tarte soit bien dorée.

* Diviser la pâte comme suit : 2/3 pour le fond et 1/3 pour le dessus.

Badigeonner   Cheminée   Denteler   Badigeonner

Gâteau à la vanille

Rendement : 1 gâteau de 18 cm / 7 po

100 g	farine tout usage	3 ½ oz
5 ml	poudre à pâte	1 c. à thé
100 g	beurre (à la température de la pièce)	3 ½ oz
100 g	sucre	3 ½ oz
2	œufs	2
2	gouttes d'essence de vanille	2

- Préchauffer le four à 160 °C (325 °F).

- Graisser et enfariner un moule de 18 cm (7 po) de diamètre et de 4 cm (1 ½ po) de profondeur.

- Dans un bol, tamiser ensemble la farine et la poudre à pâte.

- Dans un grand bol ou au malaxeur, battre le beurre et le sucre jusqu'à l'obtention d'une texture lisse et homogène. Ajouter les œufs et continuer de bien battre jusqu'à l'obtention d'un mélange bien léger.

- Incorporer le mélange de farine et de poudre à pâte au mélange de beurre et bien combiner. Ajouter l'essence de vanille et verser dans le moule.

- Cuire au centre du four pendant environ 30 minutes ou jusqu'à ce qu'un couteau piqué au centre en ressorte propre. Laisser refroidir le gâteau une dizaine de minutes avant de le démouler.

Enfariner   Tamiser   Battre

Génoise à la vanille

Rendement : 1 gâteau de 20 cm / 8 po

4	gros œufs	4
170 g	sucre	6 oz
	essence de vanille ou autre, au goût	
150 g	farine tout usage	5 oz
30 g	fécule de maïs	1 oz
30 g	beurre fondu tiède	1 oz

- Préchauffer le four à 180 °C (350 °F).

- Graisser et enfariner un moule rond ou à charnière de 20 cm (8 po) de diamètre et de 5 cm (2 po) de profondeur. Enlever l'excédent de farine et placer un morceau de papier parchemin coupé au bon diamètre au fond du moule.

- Casser les œufs dans un grand bol. Au batteur électrique muni du fouet, monter les œufs avec le sucre, puis ajouter l'essence de vanille et fouetter encore jusqu'au stade du ruban.

- Tamiser ensemble la farine et la fécule de maïs, incorporer ce mélange aux œufs en pliant délicatement pour ne pas perdre de volume.

- Incorporer le beurre fondu en pliant délicatement.

- Verser dans le moule et cuire au four environ 25 minutes.

- Sortir le gâteau du four et le laisser refroidir sur une grille environ 5 minutes avant de le démouler. Laisser le papier parchemin collé au gâteau jusqu'au moment de l'utiliser. Le gâteau sera renversé pour la présentation, le dessous deviendra donc le dessus.

(i) Une génoise est un gâteau qui lève de façon égale, il n'est donc pas nécessaire de couper la surface pour le rendre plat. C'est le gâteau idéal pour les gâteaux de fête ou de mariage.

Enfariner

Papier parchemin

Battre

Tamiser

Incorporer le beurre

Retirer le papier

Techniques et recettes

Gâteau au chocolat

Rendement : 2 gâteaux ronds de 20 cm / 8 po

250 g	sucre	9 oz
250 g	farine	9 oz
250 ml	eau froide	1 tasse
3	œufs	3
30 g	beurre	1 oz
20 ml	poudre à pâte	4 c. à thé
10 ml	bicarbonate de soude (soda)	2 c. à thé
15 ml	cacao	1 c. à table
30 ml	huile	2 c. à table

- Préchauffer le four à 180 °C (350 °F).

- Graisser et enfariner deux moules ronds de 20 cm (8 po).

- Placer dans le bol d'un mélangeur le sucre, la farine, l'eau, les œufs et le beurre. À l'aide de la feuille à mélanger, battre ces ingrédients pendant une dizaine de minutes à haute vitesse.

- Ajouter la poudre à pâte et le bicarbonate de soude et continuer à battre quelques minutes.

- Préparer la pâte de chocolat en mélangeant le cacao avec l'huile.

- Incorporer la pâte de chocolat au premier mélange, continuer à battre quelques minutes, puis verser l'appareil dans les deux moules.

- Cuire au four pendant 40 minutes ou jusqu'à ce que la lame d'un couteau inséré au centre en ressorte propre.

ⓘ La même recette produira un gâteau à la vanille si vous remplacez le cacao et l'huile par de l'essence de vanille ou d'autres parfums, si désiré.

Feuille à mélanger

Gâteau quatre-quarts

Rendement : 1 gâteau de 10 cm x 20 cm / 4 po x 8 po

4 ou 5	œufs séparés	4 ou 5
250 g	sucre	9 oz
250 g	farine	9 oz
250 g	beurre ramolli	9 oz
30 ml	poudre à pâte	2 c. à table
1 pincée	sel	1 pincée
15 ml	rhum brun (ou autres essences)	1 c. à table
	zeste d'un citron (facultatif)	

- Préchauffer le four à 180 °C (350 °F).

- Beurrer un moule à pain de 10 x 20 cm (4 x 8 po).

- Battre les blancs d'œufs en neige jusqu'à ce qu'ils soient mi-fermes et réserver.

- Travailler les jaunes avec le sucre jusqu'à l'obtention d'un mélange crémeux. Incorporer lentement la farine, le beurre, la poudre à pâte et le rhum. Bien mélanger.

- Ajouter les blancs d'œufs et les plier dans le premier mélange jusqu'à l'obtention d'un mélange homogène et bien aéré.

- Verser la pâte dans le moule à pain et cuire au four pendant environ 45 minutes ou jusqu'à ce que la pointe d'un couteau insérée dans le gâteau en ressorte propre.

- Démouler le gâteau à chaud.

Battre

Crème pâtissière

Rendement : environ 625 ml / 2 ½ tasses

500 ml	lait	2 tasses
4	jaunes d'œufs	4
90 g	sucre	3 oz
30 ml	fécule de maïs	2 c. à table
	essence de vanille, au goût	

- Chauffer 430 ml (1 ¾ tasse) de lait dans une casserole.

- Dans un bol, battre les jaunes d'œufs (blanchir) avec le sucre.

- Mélanger le reste du lait froid (60 ml / ¼ tasse) avec la fécule de maïs, puis l'ajouter au mélange d'œufs.

- Incorporer le lait chaud, sans trop fouetter pour éviter de faire de la mousse. Ajouter l'essence de vanille, mélanger et verser dans la casserole. Déposer sur le feu et cuire jusqu'à ébullition en brassant vivement à l'aide d'une cuillère, jusqu'à ce que le mélange devienne épais.

- Retirer, refroidir et réserver.

ⓘ Vous devez vous assurer de bien mélanger la fécule et le lait. Si la fécule n'est pas complètement diluée, votre crème pâtissière sera pleine de grumeaux. Vous pouvez la parfumer avec d'autres essences que la vanille.

Évitez de couvrir la crème pâtissière chaude, car l'humidité la ferait se liquéfier.

Blanchir

Mélanger   Incorporer   Brasser vivement   Refroidir

Techniques et recettes

Crème Chantilly

Rendement : 750 ml / 3 tasses

500 ml	crème 35 %	2 tasses
30 ml	sucre à glacer	2 c. à table
1 ml	essence de vanille	¼ c. à thé

- Verser la crème dans un cul-de-poule très froid et la battre à l'aide d'un fouet ou d'un batteur électrique. Au moment où la crème commence à prendre une certaine consistance, ajouter le sucre à glacer et l'essence de vanille.

- Continuer à monter la crème jusqu'à ce qu'elle soit ferme.

- Réfrigérer jusqu'à utilisation.

(i) Pour de meilleurs résultats, placez le bol, la crème et le fouet au congélateur une dizaine de minutes avant de commencer la préparation. Vous accélérerez ainsi la prise et obtiendrez une Chantilly bien ferme.

Battre | Ajouter le sucre | Consistance ferme

Ganache

Rendement : 400 ml / 1 ²/₃ tasse

180 ml	crème 35 %	³/₄ tasse
200 g	chocolat mi-sucré (6 carrés), coupé en très petits morceaux	7 oz
30 ml	beurre doux (facultatif)	2 c. à table

- Placer la crème dans une marmite et amener près du point d'ébullition sans toutefois laisser bouillir.

- Placer le chocolat et le beurre dans un bol. Verser la crème chaude sur le chocolat et le beurre, puis laisser reposer 1 minute sans rien agiter.

- À l'aide d'une cuillère de bois, bien mélanger jusqu'à ce que le mélange devienne très brillant. Laisser reposer pour permettre à la ganache d'épaissir avant de l'utiliser pour glacer les gâteaux (elle doit toutefois être encore liquide).

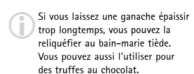

Si vous laissez une ganache épaissir trop longtemps, vous pouvez la reliquéfier au bain-marie tiède. Vous pouvez aussi l'utiliser pour des truffes au chocolat.

Techniques et recettes

Mousse aux petits fruits

Portions : 4

450 g	petits fruits (fraises, framboises, bleuets, mûres)	1 lb
150 g	sucre blanc	5 oz
3	œufs séparés	3
1 ml	sel	¼ c. à thé
	petits fruits entiers	
	feuilles de menthe fraîche	
	petits biscuits fins	

- Placer les fruits dans le bol du robot culinaire et les réduire en purée. Passer la purée au tamis afin d'en retirer les pépins et la réserver.

- Dans un petit cul-de-poule, blanchir le sucre et les jaunes d'œufs de manière à obtenir un mélange lisse et épais de couleur jaune pâle. Verser graduellement la purée de fruits sur le mélange de sucre et de jaunes d'œufs, et bien mélanger.

- Verser cette préparation dans une casserole et, à feu doux, faire cuire en brassant constamment, jusqu'à épaississement. Retirer du feu et laisser refroidir une dizaine de minutes au réfrigérateur.

- Pendant ce temps, monter les blancs d'œufs en neige. Battre au fouet les blancs avec le sel jusqu'à l'obtention d'une consistance semi-ferme.

- Plier ensuite délicatement les blancs d'œufs dans les fruits, jusqu'à ce que le mélange soit homogène. Déposer dans des coupes et réfrigérer environ une heure avant de servir.

- Garnir de petits fruits entiers, décorer d'une feuille de menthe et accompagner de quelques petits biscuits fins. Servir froid.

Notez qu'une mousse de ce genre se prépare assez bien avec une grande variété de fruits comme des mangues, des pêches, des papayes, etc.

La mousse ne se congèle pas, mais elle se conserve plusieurs jours au réfrigérateur.

Sauce fudge au chocolat

Rendement : 250 ml / 1 tasse

15 ml	beurre doux	1 c. à table
30 g	chocolat mi-amer (1 carré)	1 oz
80 ml	eau bouillante	1/3 tasse
250 g	sucre	9 oz
30 ml	sirop de maïs	2 c. à table
2 ml	essence (ou extrait) de vanille	1/2 c. à thé

- Déposer un cul-de-poule sur une marmite d'eau bouillante et y faire fondre le beurre et le chocolat.

- Ajouter l'eau bouillante et le sucre, puis poursuivre la cuisson tout en brassant, jusqu'à ce que le sucre soit complètement fondu.

- Ajouter le sirop de maïs et l'essence de vanille, bien brasser et retirer du feu. Réserver au chaud jusqu'au service.

Coulis de framboises

Rendement : 250 ml / 1 tasse

250 g	framboises surgelées, décongelées	9 oz
125 g	sucre blanc	4 1/2 oz

- Placer les fruits et le sucre dans une petite marmite et amener à ébullition. Laisser cuire quelques minutes, de façon à réduire d'un quart la quantité de départ.

- Passer ensuite la purée obtenue dans un tamis fin de façon à en retirer les pépins.

- Placer dans un bol et laisser refroidir complètement. Si le coulis semble trop épais, ajouter un peu d'eau et bien mélanger.

INDEX DES TABLEAUX

NOTES